Lorraine Barbarash

Spiele rund um die Welt

Interkulturelle Ideen für Sportunterricht und Freizeit

Verlag an der Ruhr

Impressum

Titel der deutschen Ausgabe:
Spiele rund um die Welt
Interkulturelle Ideen für Sportunterricht und Freizeit

Titel der amerikanischen Originalausgabe:
Multicultural Games – 75 games from 43 cultures

geeignet für **alle Altersstufen**

Autorin: Lorraine Barbarash

Titelbildfoto:
© picture-alliance/maxppp

U4-Foto:
© Bernhard Weichel

Illustrationen:
Jennifer Delmotte, Mary Yemma Long

Übersetzung:
Jessika Komina, Sandra Knuffinke

Bearbeitung für Deutschland:
Verlag an der Ruhr

Druck: DRUCKZONE, Cottbus

Verlag an der Ruhr
Alexanderstraße 54
45472 Mülheim an der Ruhr
Postfach 10 22 51
45422 Mülheim an der Ruhr
Tel.: 0208/439 54 50
Fax: 0208/439 54 239
E-Mail: info@verlagruhr.de
www.verlagruhr.de

ISBN 978-3-8346-0586-3

Die Schreibweise der Texte folgt der neuesten Fassung der Rechtschreibregeln – gültig seit August 2006.

Gedruckt auf chlorfrei gebleichtes Papier.

ÖKOPROFIT® MÜLHEIM AN DER RUHR 2007/2008

Wir sind seit 2008 ein ÖKOPROFIT®-Betrieb und setzen uns damit aktiv für den Umweltschutz ein. Das ÖKOPROFIT®-Projekt unterstützt Betriebe dabei, die Umwelt durch nachhaltiges Wirtschaften zu entlasten.

Inhaltsverzeichnis

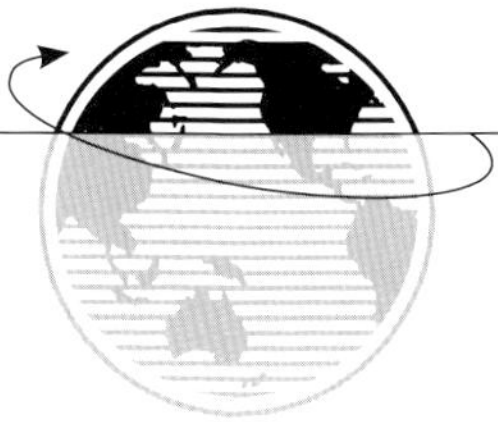

Vorwort

In Geschichte und Gegenwart haben Menschen fremder Kulturen auch in Deutschland die kulturelle Entwicklung beeinflusst. Viele von den in den vergangenen Jahrzehnten zugezogenen Migranten* wollen auf Dauer als Mitbürger mit allen Rechten und Pflichten in Deutschland bleiben. In den vergangenen Jahren wurde im Bildungsbereich eine Fülle von Anregungen und Programmen entwickelt, wie auf die größer gewordene kulturelle Vielfalt in der Bundesrepublik Deutschland angemessen reagiert und die heranwachsende Generation auf die Anforderungen der europäischen Integration und des Lebens in „Einer Welt" vorbereitet werden kann. Eine differenzierte Kenntnis und Akzeptanz anderer Lebensweisen und kultureller Identitäten kann bei Kindern und Jugendlichen aber nicht als selbstverständlich vorausgesetzt werden. Gerade Spiele bieten eine gute Möglichkeit, andere Kulturen zu erforschen und mehr über die eigene zu erfahren. So können Kinder und Jugendliche durch die Auseinandersetzung mit Fremdem und Vertrautem ihre eigene kulturelle Prägung entdecken und Verständnis für andere kulturelle Lebensformen entwickeln. Denn Wissen über andere Kulturen kann Diskriminierung verhindern und kulturelle Schranken durchbrechen. Ein interkultureller Bildungsansatz trägt so zur Urteilsbildung, Toleranz und Völkerverständigung bei. Die vielfältigen, multikulturellen Aktivitäten in **Spiele rund um die Welt** unterstützen Lehrer und Jugendgruppen gleichermaßen bei ihrem Vorhaben, den Kindern und Jugendlichen bei der Suche nach ihrer eigenen Identität wie auch ihrem Platz in dem bunten Mosaik der Gesellschaft zur Seite zu stehen.

In diesem Buch fließt meine langjährige Erfahrung als Lehrerin und Betreuerin von Jugendfreizeiten mit Schülern aus der Grund- und Sekundarstufe ein. Auch wenn sich die meisten Spiele am besten für die Grundschule und die Sekundarstufe I eignen, wird doch jeder Sportlehrer, Jugendgruppenleiter, Ferienbetreuer oder Klassenlehrer problemlos passende Aktivitäten für größere und kleinere Gruppen verschiedenen Alters finden.

Die 75 Spiele haben ihren Ursprung in 43 Ländern oder Kulturen auf sechs Kontinenten. Alle Spiele können mit dem üblichen Sporthalleninventar durchgeführt werden. Manche Aktivi-

*Aus Gründen der besseren Lesbarkeit haben wir in diesem Buch durchgehend die männliche Form verwendet. Natürlich sind damit auch immer Frauen und Mädchen gemeint, also Lehrerinnen, Schülerinnen etc.

täten ähneln denen aus anderen Ländern, weil sie die gleichen Wurzeln haben. Und gerade diese Ähnlichkeiten zeigen, dass Kinder und Jugendliche auf der ganzen Welt Spaß an denselben Dingen haben – egal, wo sie geboren sind. Voraussetzung für die erfolgreiche Durchführung der Spiele ist, dass Sie im Vorfeld planen und das erforderliche Material vorbereiten.
Das Buch gibt Ihnen alle Informationen an die Hand, die Sie brauchen, um die Spiele oder Entdeckungsaktivitäten durchzuführen, sodass die Kinder und Jugendlichen die Kulturen, aus denen die Spiele stammen, kennenlernen. Im ersten Teil des Buches, der Einführung, finden Sie Hinweise zum Aufbau der einzelnen Spielbeschreibungen. Zudem erhalten Sie dort Anregungen, wie Sie aus den in diesem Buch beschriebenen Spielen zusammen mit anderen Lehrern oder Jugendgruppenleitern ein interdisziplinäres Programm erarbeiten können, um – fächerübergreifend – das Interesse der Schüler für andere Kulturen zu wecken. Versuchen Sie also, eine Atmosphäre zu schaffen, in der die Kinder und Jugendlichen einfach mitmachen und Spaß haben wollen.

Einleitung

Die besten Spiele spielt man um des Spielens willen. Manchmal ist es völlig in Ordnung, wenn Spaß das einzige Motiv ist – besonders in Jugendgruppen oder Ferienlagern. Hin und wieder kann man den Spaß auch als Mittel zum Zweck nutzen. In **Spiele rund um die Welt** finden Sie eine Menge Rohmaterial für beide Ansätze. Zunächst möchte ich Ihnen aber ein paar Hinweise geben, wie Sie dieses Rohmaterial nutzen können, um das Interesse der Kinder und Jugendlichen an den vielen, fremden Kulturen zu wecken, die ihnen im Laufe ihres Lebens begegnen werden. Zu Anfang werde ich kurz darauf eingehen, wie die einzelnen Spielbeschreibungen aufgebaut sind. Darüber hinaus skizziere ich Möglichkeiten der Leistungsbewertung und wie Sie die Spiele in diesem Buch für ein interdisziplinäres Projekt zum Kennenlernen anderer Kulturen nutzen können.

Zum Gebrauch dieses Buches

Um Ihnen die Organisation der Aktivitäten zu erleichtern, sind die einzelnen Spielbeschreibungen wie Kochrezepte nach dem folgenden System aufgebaut:

- **Name des Spiels:** Wenn möglich, ist hier neben der deutschen Übersetzung auch der Namen angegeben, unter dem das Spiel in seinem Ursprungsland bekannt ist.
- **Herkunft:** Hier werden die Länder oder Volksgruppen genannt, auf die das Spiel am häufigsten zurückgeführt wird.
- **Spielerzahl:** Diesem Punkt können Sie die optimale Teilnehmerzahl entnehmen, mit der sich das Spiel am besten und bequemsten durchführen lässt. Sie können aber auch mehr oder weniger Spieler teilnehmen lassen – je nach Größe der Gruppe und Leistungsfähigkeit der Spieler.
- **Alter:** Hier sehen Sie, wie alt die Kinder sind, die das Spiel für gewöhnlich spielen. Überlegen Sie aber am besten selbst, ob das Spiel – vom Alter einmal abgesehen – den Bedürfnissen und Interessen Ihrer Gruppe gerecht wird.
- **Fitness-Stufe:** Die Einstufung nach Fitness-Stufen ermöglicht es Ihnen, ein Spiel danach auszuwählen, wie viel Aktivität es mit sich bringen soll. Die Spiele werden den Stufen „niedrig", „mittel" oder „hoch" zugeordnet. Die Einordnung erfolgt danach, wie viel körperliche Aktivität ein Spiel erfordert. So wird ein Spiel, bei dem die Kinder oder Jugendlichen durchgehend laufen, hüpfen oder springen

müssen, der Stufe „hoch" zugeordnet. Wenn die Spieler in einer Reihe stehen und warten oder die Aktivität nur mit kurzen Bewegungsphasen verbunden ist, ist der Anspruch an die Fitness „niedrig".

- **Wettkampf-Stufe:** Jedes Spiel wird einer Wettkampfebene zugeordnet, auch hier gelten die Stufen „niedrig", „mittel" und „hoch". Um sicherzugehen, dass Ihr Programm ausgewogen ist, achten Sie bei der Planung darauf, Aktivitäten aller Wettkampf-Stufen mit einzubeziehen. Die Wettkampf-Stufe wird durch die Intensität des Spiels bestimmt. Spiele, bei denen auf einen Höhepunkt hingearbeitet wird und deren Intensität sich im Laufe des Spiels steigert, haben die Wettkampf-Stufe „hoch". Spiele, an deren Ende kein klarer Gewinner steht, die einen kurzen Verlauf haben oder bei denen eine Aktivität mehrere Male wiederholt wird, werden der Stufe „niedrig" zugeordnet.

- **Ort:** Jedes Ferienlager, jeder Park, jede Schule bietet unterschiedliche Möglichkeiten. Suchen Sie sich einfach einen Ort aus, an dem Sie meinen, Ihr Spiel am besten durchführen zu können. An erster Stelle sollte dabei natürlich stets die Sicherheit der Kinder und Jugendlichen stehen. Untersuchen Sie den Ort, den Sie für Ihr Spiel gewählt haben, also vorher unbedingt auf eventuelle Gefahrenquellen.

- **Material:** Die am besten geeigneten Materialien werden jeweils zu Anfang jeder Spielbeschreibung genannt. Gegebenenfalls müssen Sie bei den Utensilien noch etwas variieren – je nach Teilnehmerzahl, nach den Bedürfnissen der Spieler und nach dem, was an Materialien gerade verfügbar ist. In manchen Fällen sind die traditionellen Utensilien bereits durch moderne, alltägliche Dinge oder auch durch „ungefährlichere" (z.B. ohne scharfe Kanten) ersetzt worden. In der Regel finden Sie aber eine Materialliste, nach der Sie das Spiel so authentisch wie möglich gestalten können.

- **So geht's:** In der Regel sind die Spiele so beschrieben, wie sie traditionell gespielt werden. Da einige Spiele aber Elemente enthielten, die nicht unserer heutigen Auffassung von geeigneten Spielpraktiken entsprechen, wird die ursprüngliche Spielweise nur für den theoretischen Hintergrund beschrieben, und anschließend werden Möglichkeiten erläutert, wie Sie das Spiel sicherer, interessanter oder lebhafter gestalten können.

- **Varianten:** Die Varianten, die in manchen Fällen vorgestellt werden, sind gewissermaßen Modernisierungen und stimmen die Spiele besser auf die Bedürfnisse heutiger Kinder und Jugendlicher ab.

Neben den reinen Spielanleitungen finden Sie zu jeder Aktivität auch noch die folgenden zwei Rubriken, die sich direkt an die Kinder- und Jugendlichen richten und es Ihnen erleichtern, die Spiele fächerübergreifend durchzuführen:

- **Wusstest du schon, ...?:** Hier finden Sie jeweils eine kurze Information zu den Einwohnern, der Kultur oder der Lebensweise des Herkunftslandes eines Spiels – also Stoff für Fragen und Diskussionen.
- **Kulturcheck:** Hier gibt es Anregungen zu weiterführenden Aktivitäten, bei denen Land und Leute noch eingehender erforscht werden können.

Einsatzmöglichkeiten und interdisziplinäre Zusammenarbeit

Es gibt eine große Bandbreite an Methoden und Strategien, um das kulturelle Bewusstsein zu fördern, das in unserer Gesellschaft immer wichtiger wird. Nutzen Sie zum Beispiel Ressourcen wie aktuelle Zeitschriftenartikel, Reisekataloge oder Erzählungen aus einer bestimmten Kultur, um das Schulbuch zu ergänzen. So können Sie besonders gut Elemente aufzeigen, die ganze Kulturen und Völker miteinander verbinden. Richten Sie typische Buffets aus verschiedenen Ländern an, bei denen jeder einmal deren traditionelle Gerichte kosten kann. Sprechen Sie über Feiertage, Jahreszeiten und besondere Anlässe, und geben Sie den Kindern und Jugendlichen die Gelegenheit, vom Leben in ihrer Familie und von deren Bräuchen und Gewohnheiten zu erzählen. Durch Spiele oder Tänze bekommt jeder einen einzigartigen Einblick in die Lebensformen anderer Kulturen. Auf der ganzen Welt erfinden Kinder Spiele mit alltäglichen Dingen, was die Vorbereitung auch für Sie einfach macht. Gegenüber ungewohnten Gerichten oder fremdartiger Kleidung sind Kinder und Jugendliche oft zurückhaltend. Spiele hingegen bieten einen offenen, unaufdringlichen Rahmen für das Beschnuppern fremder Kulturen, denn hier sind einfach alle gleich und können direkt mitmachen. Neben den üblichen Spielen im Sportunterricht brauchen gerade jüngere Kinder die Gelegenheit, Spiele aus ihrer eigenen Kultur und aus denen ihrer Mitschüler kennenzulernen. Binden Sie auch die Eltern mit ein, denn niemand sonst kann Ihnen so gut ethnische und kulturelle Hintergründe erläutern. Arbeiten Sie mit Ihren Kollegen zusammen, sodass Sie fächerübergreifende Projekte durchführen können – zum Beispiel für Sport, Erdkunde und Deutsch. Wenn Ihre Schüler in Erdkunde gerade ein bestimmtes Land, ein Volk oder eine Region besprechen oder im Deutschunterricht eine Geschichte aus einer bestimmten Kultur lesen, dann spielen Sie mit Ihnen auch ein Spiel, das aus derselben Gegend stammt, um das Projekt ganz einfach – und vor allem mit viel Spaß – abzurunden. Alle Fächer, Fachbereiche und Arbeitsgruppen können so zusammenarbeiten und dabei einiges bewirken, wenn es darum geht, Vorurteile abzubauen und sich für einen toleranten Umgang mit anderen Kulturen einzusetzen. Wenn eine Klasse in Erdkunde das Thema Südamerika durchnimmt, könnten zum Beispiel folgende Fächer mit eingebunden werden:

Deutsch: Tragen Sie Gedichte oder Kurzgeschichten von südamerikanischen Autoren zusammen. Lesen Sie die Texte im Unterricht, oder lassen Sie die Schüler sie als kleines Theaterstück aufführen.

Mathe: Welche Währung wird in Südamerika benutzt? Die Schüler können Preise für alltägliche Dinge in diese Währung umrechnen.

Erdkunde: Entdecken Sie gemeinsam mit den Schülern den faszinierenden, aber von Zerstörung bedrohten Lebensraum „Tropischer Regenwald". Lassen Sie die Schüler zum Beispiel in Möbel- oder Baumärkten recherchieren, welche Möbel aus tropischen Hölzern es für Haus und Garten zu kaufen gibt.

Biologie: Erkunden Sie gemeinsam die Tier- und Pflanzenwelt des tropischen Regenwalds. Hierfür bietet sich ein Besuch im Zoo oder im Botanischen Garten an. Anschließend können die Schüler Tier- und Pflanzensteckbriefe mit Fotos gestalten.

Kunst: Betrachten Sie im Kunstunterricht die eindrucksvollen Bauwerke der Maya in Südamerika, oder lassen Sie die Schüler selbst Masken nach dem Vorbild der Völker Südamerikas gestalten.

Sport: Spielen Sie mit den Schülern Spiele, die aus Südamerika stammen.

Nutzen Sie **Spiele rund um die Welt**, um aktiv zur kulturellen Verständigung beizutragen. Die Einführung der einzelnen Spiele kann als Aufhänger für Unterrichtsgespräche dienen und Diskussionen anregen. Besprechen Sie die Ausrüstung, die man für die traditionelle Version der Spiele braucht, den Ort, die Materialien, die dabei zum Einsatz kommen, oder auch Gerichte, die für das jeweilige Ursprungsland typisch sind. Binden Sie den Erdkundeunterricht mit ein, indem Sie die Schüler herausfinden lassen, wo genau die betreffenden Länder liegen und wie weit das vom Heimatland der Schüler entfernt ist. Manche Spiele beziehen auch die Landessprache mit ein. Lassen Sie die Kinder und Jugendlichen in verschiedenen Sprachen bestimmte Ausdrücke suchen. Wie sagt man zum Beispiel „Guten Tag", „Danke" oder „Ich heiße ..." in möglichst vielen Sprachen? Auch mathematische Aspekte kommen hin und wieder zum Einsatz, und zwar nicht nur beim Punktezählen, sondern in Form von Zahlenspielen oder anderen einfachen Beispielaufgaben.

Um als Lehrer oder Jugendgruppenleiter Kindern und Jugendlichen Raum für unterschiedliche Sichtweisen und Sichtwechsel geben zu können, sollten auch Sie Ihre kulturelle Identität kritisch unter die Lupe nehmen. Dies ist umso wichtiger, da Sie als Unterrichtender zum größten Teil der Mehrheitsgesellschaft angehören und auf Grund Ihrer Sozialisation und Ausbildung in der Gefahr stehen, Ihre Sichtweisen als die normalen, selbstverständlichen weiterzugeben. Interkulturelle Bildung und Erziehung ist ein Bereich, der viel Sensibilität und Respekt verlangt. Denken Sie daran, dass das Wissen, das Sie über andere Kulturen vermitteln, Vorurteilen entgegenwirken soll. Achten Sie dabei darauf, nicht zu lange auf Klischees einzugehen, die mit einer Kultur verbunden sind, sondern konzentrieren Sie sich stattdessen auf das Leben und die Gewohnheiten der Menschen. Auf diese Weise erreichen Sie Verständnis und Toleranz durch Bildung. Heutzutage sind Schulen von Multikulturalität geprägt, und kulturelle Offenheit ist so wichtig wie nie zuvor. Eine multikulturelle Lebensweise ermöglicht uns ein harmonisches und erfolgreiches Zusammenleben durch Bildung, Offenheit und Toleranz. Dies ist ein erster Schritt in die richtige Richtung – nämlich weg von dem Modell „Integration durch Assimilation", das in der Vergangenheit als einzig richtiger Weg angesehen wurde. Je früher Kinder und Jugendliche ein größeres Verständnis für andere Kulturen aufbringen, desto eher beginnen auch Klischees und Vorurteile zu verblassen. Kinder und Jugendliche, die verstehen, wie ihre Schulkameraden leben und wie ihre eigenen Vorfahren gelebt haben, betrachten Menschen als Individuen und lassen sich nicht durch kulturelle Stereotypen beeinflussen. Ich wünsche Ihnen viel Vergnügen beim Einsatz von **Spiele rund um die Welt** und bei Ihrem Vorhaben, Ihren Schülern multikulturelle Erfahrungen zu vermitteln.

Afrika

Reifen-Speerwurf

- **Herkunft:** Äthiopien
- **Spielerzahl:** 2 bis 10
- **Alter:** ab 9 Jahren
- **Fitness-Stufe:** niedrig
- **Wettkampf-Stufe:** niedrig
- **Ort:** großes Außengelände
- **Material:** einen Hula-Hoop-Reifen, einen kleinen Ball oder Stock für jeden Spieler

So geht's:

Jeder Spieler bekommt einen Gegenstand (z.B. einen Ball oder einen Stock) zum Werfen. Der Spielleiter hält den Hula-Hoop-Reifen bereit. Die Spieler stellen sich in einer Reihe nebeneinander auf und halten jeweils eine Armlänge Abstand voneinander. Jetzt rollt der Spielleiter einen Reifen an der Reihe vorbei und die Spieler müssen versuchen, ihren Ball oder Stock durch den Reifen zu werfen. Wer nicht durch den Reifen trifft, scheidet aus – so lange, bis nur noch ein Spieler übrig ist. Sobald der Reifen vorbeigerollt ist, dürfen sich die Spieler ihre Gegenstände wieder holen.

Wusstest du schon,

... dass der Kaffee ursprünglich aus Äthiopien stammt und von dort aus zunächst die arabische Welt eroberte? Anfang des 17. Jahrhunderts gelangten dann die ersten Kaffeebohnen durch Handelsreisende nach Europa.

Varianten:

1. Jeder Spieler, der den Reifen getroffen hat, bekommt einen Punkt. Setzen Sie vor dem Spiel einen Punktestand fest, bis zu dem gespielt werden soll.
2. Postieren Sie eine zweite Person am anderen Ende der Reihe, sodass zwei Reifen zur gleichen Zeit gerollt werden können.

Kulturcheck

Befragt Lehrer, Verwandte und Bekannte (oder macht eine Straßenbefragung) nach ihren Kaffeegewohnheiten: Wann wird Kaffee getrunken? Wie wird er getrunken (mit Zucker, mit Milch, „schwarz")? Werden bestimmte Kaffeespezialitäten (Cappuccino, Milchkaffee) oder Marken bevorzugt?

Boa Constrictor

- **Herkunft:** Ghana
- **Spielerzahl:** 12 bis 30
- **Alter:** ab 8 Jahren
- **Fitness-Stufe:** hoch
- **Wettkampf-Stufe:** niedrig
- **Ort:** jede große Fläche
- **Material:** Kreide oder Hütchen zum Markieren des Spielfelds

So geht's:

Markieren Sie zunächst die Begrenzungen für ein großes Spielfeld. Innerhalb dieses Spielfelds markieren Sie dann eine etwa zehn Quadratmeter große Fläche, die die „Höhle" der Schlange bilden soll. Vor Beginn des Spiels wird ein Spieler zur Schlange bestimmt. Die Schlange muss nun versuchen, die anderen Spieler zu fangen. Ihre „Gefangenen" nimmt sie an die Hand. Ab jetzt dürfen immer die jeweils äußeren Schlangenteile ihre freie Hand dazu benutzen, um weitere Spieler abzuschlagen und damit zu fangen. Gelingt es der Schlange, weitere Spieler zu fangen, werden diese ebenfalls an die Hand genommen. Wenn die Schlange an einer Stelle zerreißt (die Spieler sich also loslassen), dürfen die noch freien Spieler versuchen, die abgerissenen Schlangenteile zu fangen. Wird einer der Teile gefangen, bevor sich die Schlange wieder zusammenschließen kann, muss die ganze Schlange erst einmal in ihre Höhle gehen und ihre Teile wieder zusammenfügen. Dann erst darf sie weiterjagen. Eine gute Schlangentaktik ist es also, die freien Spieler einzukreisen, um sie so leichter abschlagen zu können. Der letzte freie Spieler gewinnt.

Wusstest du schon,

... dass die Kakaobohne, aus der Schokolade gemacht wird, die wichtigste Anbaupflanze des Landes Ghana ist?

Kulturcheck

Nimm doch einmal verschiedene Schokoladensorten unter die Lupe, und finde heraus, wie viel Kakao jeweils in der Schokolade enthalten ist.

Wirf die Nuss!

- **Herkunft:** Guinea
- **Spielerzahl:** ab 6
- **Alter:** ab 9 Jahren
- **Fitness-Stufe:** niedrig
- **Wettkampf-Stufe:** niedrig
- **Ort:** draußen
- **Material:** kleine Nüsse, Steine oder Bälle, eine große, leere Konservendose oder ein kleiner Eimer

So geht's:

Graben Sie ein kleines Loch in den Sand oder die Erde. Die Spieler stehen etwa zehn Meter von dem Loch entfernt und versuchen einer nach dem anderen, einen kleinen Stein, einen Ball oder eine Nuss in das Loch zu werfen. Zu Beginn werfen alle Spieler nacheinander ihren Stein Richtung Loch. Derjenige, dem es gelingt, seinen Stein am nächsten zum Loch zu platzieren, darf das Spiel eröffnen.

Trifft ein Spieler mit seinem Stein das Loch, darf er sich danebensetzen – allerdings ohne es zu blockieren. Die anderen versuchen reihum weiter, das Loch zu treffen. Der Spieler neben dem Loch versucht, die Steine der anderen Spieler mit seinem eigenen Stein aus der Bahn zu werfen, wenn sie auf das Loch zufliegen. Trifft ein Spieler trotzdem das Loch, tauscht er mit dem sitzenden Spieler den Platz. Wenn alle einmal ins Loch getroffen haben, ist das Spiel zu Ende. Derjenige Spieler, der als Letzter getroffen hat, darf im nächsten Spiel als Erster das Loch verteidigen.

Wusstest du schon,

... dass Guinea als Wiege der westafrikanischen Kultur gilt? Musik und Tanz sind bis heute wichtige Bestandteile des alltäglichen Lebens.

Variante:

Anstatt ein Loch zu graben, können Sie auch eine große, leere Konservendose oder einen kleinen Eimer als Wurfziel aufstellen. So können Sie das Spiel auch auf Rasenplätzen oder auf dem Schulhof spielen.

Wirf die Nuss!

Kulturcheck

Überall auf der Welt werden Märchen erzählt. In Afrika hat diese Erzählkunst noch heute eine große Bedeutung. Sucht in der Bibliothek nach Märchen aus Afrika, und veranstaltet einen Lesenachmittag mit afrikanischen Märchen.

Steinchen werfen

(Kuwakha Nchuwa)

- **Herkunft:** Malawi
- **Spielerzahl:** 2 bis 10
- **Alter:** ab 8 Jahren
- **Fitness-Stufe:** niedrig
- **Wettkampf-Stufe:** niedrig
- **Ort:** Schulhof oder Rasenfläche
- **Material:** 100 bis 200 kleine, glatte Kieselsteine in allen Formen, einen kleinen, runden Kieselstein von der Größe einer großen Murmel oder einen kleinen Ball, Kreide

So geht's:

Malen Sie mit Kreide einen Kreis von einem halben bis einem Meter Durchmesser auf das Pflaster. Legen Sie die glatten Kieselsteine auf einen Haufen in die Mitte des Kreises. Die Spieler setzen sich nun um den Kreis herum auf den Boden.
Der erste Spieler wirft den runden Kieselstein hoch.
Während der Stein in der Luft ist, muss der Spieler sich schnell einen der glatten Steine in der Mitte des Kreises greifen und mit der gleichen Hand den in die Luft geworfenen Stein wieder auffangen, sodass er beide Steine in einer Hand hält.
Fängt der Spieler den Stein aus der Luft nicht und lässt ihn fallen, so muss er den flachen Kieselstein wieder zurück in die Mitte legen. Gelingt es ihm jedoch, den Stein aus der Luft zu fangen, darf er den flachen Kieselstein neben sich legen.
Jeder Spieler darf den runden Stein zehn Mal hochwerfen (es sei denn, Sie haben eine andere Anzahl an Würfen festgesetzt) und gibt ihn dann an den nächsten Spieler weiter. Die Spieler können zunächst einen Stein pro Wurf aufheben und dann die Zahl langsam steigern, bis sie es schaffen, fünf Steine nacheinander aufzuheben, während der runde Kiesel in der Luft ist.
Wer zum Schluss die meisten Steine sammeln konnte, gewinnt.

Variante:
Gestalten Sie das Spiel kooperativer, indem Sie die Spieler in Teams gegeneinander antreten lassen. Am Ende werden dann die Steine der einzelnen Teammitglieder zusammengezählt.

Wusstest du schon,

... dass in Malawi die Abstammung eines Menschen durch die Mutter bestimmt wird und nicht durch den Vater?

Kulturcheck

Verfolge deine Familiengeschichte bis zu deinen Urgroßeltern zurück, und finde heraus, wo und wann jedes einzelne Familienmitglied geboren wurde. Fertige einen Familienstammbaum an, sodass du jedem deine Familie vorstellen kannst.

Stock-Sand-Spiel

(Abumbutan)

- **Herkunft:** Nigeria
- **Spielerzahl:** 6 bis 8
- **Alter:** ab 6 Jahren
- **Fitness-Stufe:** mittel
- **Wettkampf-Stufe:** niedrig
- **Ort:** Platz im Freien, an dem es Sand oder Kies gibt
- **Material:** einen glatten Stock (10 bis 15 Zentimeter lang), Sand- oder Kieshaufen

So geht's:

Stecken Sie einen Stock in einen Sandhaufen, sodass nur fünf bis sieben Zentimeter herausschauen. Die Spieler setzen sich im Kreis um den Haufen herum. Der Spielleiter bestimmt nun die Reihenfolge der ersten Spielrunde. Jede weitere Spielrunde beginnt dann einfach mit dem nächsten Spieler im Kreis.

In der festgelegten Reihenfolge nehmen die Spieler nun eine Handvoll Sand vom Haufen. Dabei sollte das Stöckchen natürlich nicht umfallen. Je kleiner der Haufen wird, desto vorsichtiger müssen die Spieler also sein. Bringt ein Spieler das Stöckchen zu Fall, muss er sofort vor den Mitspielern weglaufen. Denn diese versuchen nun, den „Schuldigen" zu fangen. Wird der Spieler gefangen, bekommt er einen Strafpunkt. Dann wird der Sandhaufen wieder aufgeschichtet, und das Spiel beginnt von Neuem. Hat ein Spieler eine zuvor festgelegte Anzahl an Strafpunkten gesammelt, scheidet er aus.

Varianten:

1. Bringen Sie zum Beispiel noch einen Würfel mit ins Spiel: Es wird reihum gewürfelt, wobei die Augenzahl des Würfels bestimmt, wie oft man eine Handvoll Sand wegnehmen muss.
2. Setzen Sie einen Punkt fest, an dem der flüchtende Spieler in Sicherheit ist. Erreicht er diesen Ort, bevor die anderen ihn fangen können, bekommt er keinen Strafpunkt.

Wusstest du schon,

... dass die beliebtesten Freizeitbeschäftigungen der Nigerianer das Singen von traditionellen Liedern, tanzen und Fußball sind?

Kulturcheck

Stelle dir vor, du würdest einen nigerianischen Mitschüler bekommen. Welche traditionellen Lieder oder Tänze würdest du ihm beibringen, die typisch für dein Land sind?

Blindes Pferd

- **Herkunft:** Nigeria
- **Spielerzahl:** 12 oder mehr
- **Alter:** ab 10 Jahren
- **Fitness-Stufe:** hoch
- **Wettkampf-Stufe:** niedrig
- **Ort:** jeder große Platz
- **Material:** Augenbinden, Hütchen

So geht's:
Grenzen Sie mit Hilfe der Hütchen je nach Anzahl der Teams zwei oder mehr Parcours mit Hindernissen, wie zum Beispiel ein Slalom mit ausgelegten Reifen oder ein zwischen zwei Stühlen gespanntes Seil, ab. Teilen Sie die Spieler so ein, dass in jedem Team ein kleinerer und ein größerer Spieler sind. Dann teilen Sie die Spieler nochmals in Gruppen von jeweils vier bis sechs Teams ein. Dem größeren Spieler in jedem Team werden die Augen verbunden – er spielt das Pferd und trägt den kleineren Partner huckepack. Der Reiter muss sein Pferd nun mit Hilfe von vorher abgesprochenen, nonverbalen Kommandos durch den Parcours leiten. Zum Beispiel kann er dafür kurz die Knie zusammendrücken oder seinem Partner auf die Schulter tippen.

Wusstest du schon,

... dass es in Nigeria ganz unterschiedliche Landschaftsformen gibt? Entlang der Küste befinden sich Sumpfgebiete und ausgedehnte Mangrovenwälder, in der Landesmitte trifft man auf tropischen Regenwald und der Norden ist Teil der Sahelzone.

Kulturcheck

In Afrika gehört Musik zum täglichen Leben. Begleitet werden die Lieder meist vom Rhythmus der Trommeln. Die Trommel ist eines der beliebtesten Musikinstrumente in ganz Afrika. Bastelt euch selbst eine afrikanische Trommel, und probiert sie als Rhythmusinstrument zu verschiedenen Liedern aus.

Schwänzchenfangen

- **Herkunft:** Nigeria
- **Spielerzahl:** ab 12
- **Alter:** ab 6 Jahren
- **Fitness-Stufe:** mittel
- **Wettkampf-Stufe:** mittel
- **Ort:** überall
- **Material:** Parteibänder, Tücher oder Schals

So geht's:
Teilen Sie die Gruppe in Zweierteams ein. Einer der Partner bekommt hinten ein Parteiband in den Hosen- oder Rockbund gesteckt. Dieser stellt sich hinter seinen Vordermann und hält ihn an den Hüften fest. Beim Startsignal beginnen die Teams, einander zu jagen, um den Gegnern die Bänder aus der Hose zu klauen. Dabei dürfen die Partner einander nicht loslassen. Wenn ein Team sich loslässt, darf es erst weiterjagen, wenn sich die beiden Partner wieder zusammengeschlossen haben. Das Spiel ist zu Ende, wenn das letzte Band erwischt wurde. Gewonnen hat das Team, das die meisten Bänder gefangen hat.
Der Fairness halber sollten die Partner in jeder Runde wechseln. Spieler, die vorne waren, dürfen dann nach hinten und umgekehrt. Das Wechseln geht am einfachsten, wenn sich die Spieler vor jeder neuen Runde in einem Doppelkreis aufstellen. Um die Vorne-hinten-Anordnung zu ändern, drehen sich alle Spieler um 180 Grad. Um neue Partner zu finden, macht der innere Kreis dann einfach einen Schritt nach rechts, der äußere bleibt an seinem Platz stehen.

Variante:
Bei diesem Fangspiel spielt jeder gegen jeden. Sie können aber auch die Spieler in zwei Gruppen aufteilen, die verschiedenfarbige Parteibänder bekommen.

Wusstest du schon,
... dass Nigeria das bevölkerungsreichste Land Afrikas ist? In Lagos, Nigerias größter Stadt, leben allein schon über zwölf Millionen Menschen.

Kulturcheck

Finde heraus, wie viele Einwohner Nigeria hat.
Welches europäische Land hat eine ähnliche Einwohnerzahl?

Vier Häuptlinge

- **Herkunft:** Nigeria
- **Spielerzahl:** ab 28 (Zahl muss durch 4 teilbar sein)
- **Alter:** ab 6 Jahren
- **Fitness-Stufe:** hoch
- **Wettkampf-Stufe:** mittel
- **Ort:** jeder Platz von ca. 15 x 30 Meter Größe
- **Material:** Parteibänder, Tücher oder Fähnchen in vier verschiedenen Farben (pro Farbe 20 bis 30 Stück), Stoppuhr, Trillerpfeife, vier Stühle, Hocker oder Kisten

So geht's:

Der Spielleiter ernennt vier Spieler zu Häuptlingen, die sich auf die Stühle setzen. Dann teilt der Spielleiter jedem Häuptling zwei Krieger und eine Teamfarbe (Parteiband) zu. Die Krieger bekommen ein Bündel Bänder in ihrer Teamfarbe. Auf das Startsignal hin verteilen sich die übrigen Spieler auf dem Spielfeld, die nun von den Kriegern gejagt werden. Wird ein Spieler von einem Krieger gefangen, bekommt er ein Band und setzt sich hinter den Stuhl des entsprechenden Häuptlings. So geht es weiter, bis Sie das Spiel nach einer gewissen Zeit mit einem Piff beenden. Alle Spieler, die bis dahin nicht gefangen wurden, setzen sich dort auf den Boden, wo sie gerade stehen. Dann werden die gefangenen Spieler gezählt. Der Häuptling, der die meisten gefangenen Spieler hat, gewinnt.

Spielen Sie mehrere Runden, sollten Sie für jede neue Runde andere Häuptlinge und Krieger bestimmen.

Variante:

Sobald ein Team sechs Gefangene hat (oder jede andere zuvor festgelegte Anzahl), stellt sich der Häuptling auf seinen Stuhl und signalisiert so dem Spielleiter, das Spiel zu beenden.

Wusstest du schon,

... dass die ältesten afrikanischen Skulpturen in Nigeria gefunden wurden? Vor gut 2500 Jahren fertigten geschickte Handwerker der so genannten Nok-Kultur Terrakotta-Figuren von Menschen und Tieren an, die bis zu 1,20 Meter groß sind.

Vier Häuptlinge

Kulturcheck

Bis heute werden in afrikanischen Ländern Masken bei Festen und Ritualen getragen. Die Masken stehen symbolisch für Schutz vor Krankheiten, Leid und Unglück oder für Weisheit und Fruchtbarkeit. Entwerfe doch selbst einmal eine Maske, die zum Beispiel für Glück steht oder vor bösen Geistern schützen soll.

Gifttuch

- **Herkunft:** Simbabwe
- **Spielerzahl:** 8 bis 15
- **Alter:** ab 6 Jahren
- **Fitness-Stufe:** niedrig
- **Wettkampf-Stufe:** niedrig
- **Ort:** überall
- **Material:** ein Stück Stoff mit einem Knoten in der Mitte

So geht's:

Die Spieler bilden einen großen Kreis um das Stück Stoff und stehen dabei mehrere Schrittlängen voneinander entfernt. Einer wird als Kreisspieler ausgewählt und stellt sich in die Mitte des Kreises neben das Stück Stoff. Von dieser Ausgangsposition ruft der Kreisspieler einen weiteren Spieler zu sich in die Mitte, indem er dessen Namen nennt. Wenn der zweite Spieler in der Mitte des Kreises ankommt, versuchen beide, sich das geknotete Stoffstück zu schnappen und damit aus dem Kreis zu rennen, ohne von dem anderen gefangen zu werden. Um das Stoffstück zu ergattern, bedarf es sicherlich einiger Versuche inklusive Antäuschungen und Ablenkungsmanöver. Schafft der Kreisspieler es nicht, sich das Stoffstück zu ergattern oder den anderen Spieler mit dem Stoffstück zu fangen, bleibt er im Kreis. Kann der Kreisspieler mit dem Stoffstück entwischen und wird dabei nicht gefangen, nimmt der andere Spieler seinen Platz in der Mitte ein.

Wusstest du schon,

... dass Simbabwe eine britische Kolonie war und Rhodesien hieß, bevor es 1980 unabhängig wurde?

Kulturcheck

Gestaltet eine Wandzeitung über Simbabwe mit wissenswerten Informationen und Bildern zum Land: Bevölkerung, Sehenswürdigkeiten, Tierwelt, bekannte Persönlichkeiten ...

Wie viele?

- **Herkunft:** Tansania
- **Spielerzahl:** ab 3
- **Alter:** ab 6 Jahren
- **Fitness-Stufe:** niedrig
- **Wettkampf-Stufe:** niedrig
- **Ort:** überall
- **Material:** eine größere Menge an kleinen Gegenständen (Kieselsteine, Maiskörner, Perlen, Murmeln)

So geht's:
Jeder Spieler startet mit der gleichen Anzahl an Gegenständen, zum Beispiel 15 bis 20 Kieselsteine oder Perlen. Berücksichtigen Sie bei der Auswahl der Gegenstände das Alter der Spieler. Kleinere Kinder sollten nicht mit zu kleinen Gegenständen spielen, da sie eventuell dazu neigen, sie in den Mund zu nehmen.
Teilen Sie den Spielern Nummern zu. Der Spieler mit der Nummer Eins versteckt nun keines oder bis zu vier Gegenstände in seiner Faust und fragt den Spieler mit der Nummer Zwei: „Wie viele?". Der Spieler mit der Nummer Zwei versucht nun, die Zahl zu erraten. Hat er richtig geraten, bekommt er die Gegenstände von dem Spieler mit der Nummer Eins. Lag er daneben, muss er dem Spieler mit der Nummer Eins einen Gegenstand als „Strafe" abgeben. Das Spiel endet, wenn die vorher abgesprochene Zeit um ist, oder, wenn ein Spieler alle Gegenstände gewonnen hat.

Wusstest du schon,

... dass unsere Gewürze aus Pflanzen gewonnen werden, von denen viele auf Sansibar angebaut werden? Sansibar ist eine Insel vor der Ostküste Afrikas, die zu Tansania gehört.

Kulturcheck

Finde heraus, welche Gewürze auf Sansibar angebaut werden und wie Sie bei uns in der Küche zum Würzen von Speisen und Getränken verwendet werden.

Alle Vögel fliegen hoch!

- **Herkunft:** Tansania
- **Spielerzahl:** ab 20
- **Alter:** ab 5 Jahren
- **Fitness-Stufe:** niedrig
- **Wettkampf-Stufe:** niedrig
- **Ort:** überall
- **Material:** einen Tisch

So geht's:
Bestimmt kennt der ein oder andere unter euch dieses Spiel, denn es ist auch in Deutschland und anderen Ländern Europas sehr beliebt.
Die Spieler sitzen um einen Tisch oder im Kreis, sodass jeder den anderen sehen kann. Ein Spieler wird zum Spielleiter bestimmt, der die Vögel fliegen lässt.
Alle trommeln mit den Fingern auf den Tisch oder auf die Knie, während der Spielleiter ruft: „Alle Vögel fliegen hoch!" Gleichzeitig hebt er die Hände vom Tisch hoch in die Luft. Alle anderen Spieler müssen ebenfalls die Hände heben, denn Vögel fliegen ja tatsächlich hoch. Der Spielleiter überlegt sich weitere Dinge oder Tiere, die hochfliegen, und fährt fort: „Alle Flugzeuge fliegen hoch!" Ziel ist es jedoch, die anderen Mitspieler auszutricksen und Dinge einzustreuen, die nicht fliegen können. Hebt ein Spieler zum Beispiel bei „Alle Elefanten fliegen hoch!" die Arme, anstatt weiterzutrommeln, scheidet er in dieser Spielrunde aus. Am Ende gewinnt der Spieler, der als Letzter übrig bleibt. Der Sieger wird der neue Spielleiter für die nächste Runde.

Wusstest du schon,

dass viele Wildtiere Afrikas heute nur noch in für sie eingerichteten Schutzgebieten, wie zum Beispiel dem Serengeti-Nationalpark in Tansania, überleben können?

Kulturcheck

Recherchiere, welche Tiere im Serengeti-Nationalpark leben. Wähle ein Tier aus, und stelle es der Gruppe in Form eines Tiersteckbriefs vor.

Asien

Angeln im Dunkeln

- **Herkunft:** China
- **Spielerzahl:** 8 bis 20
- **Alter:** ab 5 Jahren
- **Fitness-Stufe:** mittel
- **Wettkampf-Stufe:** niedrig
- **Ort:** überall
- **Material:** eine Augenbinde

So geht's:
Das Spiel wird auf einem begrenzten Raum gespielt. Verbinden Sie einem Spieler, dem Fischer, die Augen. Der Rest der Gruppe stellt die Fische dar. Die Fische können sich innerhalb des begrenzten Raumes frei bewegen und versuchen, den Fischer zu berühren, ohne dabei selbst vom Fischer abgeschlagen zu werden. Fängt der Fischer einen Fisch, so muss er raten, wer es ist. Rät er richtig, tauscht er die Rolle mit dem Fisch. Liegt er daneben, ist der Fisch wieder frei.

Wusstest du schon,

... dass 20 % der Weltbevölkerung in China lebt? Damit ist China das bevölkerungsreichste Land der Welt.

Variante:
Die Fische bleiben, wo sie sind, und machen stattdessen durch Geräusche auf sich aufmerksam. Der Fischer muss sie finden, indem er sich auf diese Geräusche konzentriert.

Kulturcheck

Finde heraus, wie viele Menschen in China leben. Vergleiche seine Einwohnerzahl mit der von Deutschland, Russland und von Luxemburg.

Schuhhüpfen

- **Herkunft:** China
- **Spielerzahl:** 10 bis 20
- **Alter:** ab 9 Jahren
- **Fitness-Stufe:** mittel
- **Wettkampf-Stufe:** niedrig
- **Ort:** überall
- **Material:** Schuhe

So geht's:

Teilen Sie die Spieler in zwei Teams ein. Vor jeder Mannschaft stellen Sie in gerader Linie die Schuhe der Teammitglieder auf, wobei zwischen den einzelnen Schuhen jeweils 30 bis 50 cm Platz bleiben sollten. Auf das Startzeichen hin hüpft der jeweils vorderste Spieler auf einem Bein über alle Schuhe, bis er am Ende der Reihe angelangt ist. Dort schießt er den letzten Schuh mit dem freien Fuß wie einen Fußball davon, läuft ihm hinterher und sammelt ihn wieder auf. Dann rennt er schnell zum Anfang der Reihe zurück und stellt den Schuh dort auf, sodass der nächste Spieler loshüpfen kann. Die Spieler dürfen dabei keinen Schuh außer dem letzten berühren. Ansonsten müssen sie sich wieder hinter dem Schuh aufstellen, den sie berührt haben, und noch einmal darüberspringen. Das Team, das am schnellsten die Schuhreihe mit allen Spielern durchhüpft hat, gewinnt.

Wusstest du schon,

... dass man in China bei einer Einladung zum Essen wie bei uns ein Gastgeschenk mitbringt? Rote Geschenkverpackungen sind dabei besonders beliebt, denn Rot bedeutet in China Glück.

Kulturcheck

Denke dir ein chinesisches Menü aus. Welche typisch chinesischen Zutaten gibt es auch bei uns zu kaufen?

Die Chinesische Mauer

- **Herkunft:** China
- **Spielerzahl:** 10 bis 50
- **Alter:** ab 6 Jahren
- **Fitness-Stufe:** hoch
- **Wettkampf-Stufe:** niedrig
- **Ort:** überall
- **Material:** Kreide oder Klebeband

So geht's:
Markieren Sie mit Kreide oder Klebeband zwei etwa drei Meter auseinander liegende Linien als Mauerstreifen. Ein Spieler übernimmt die Rolle des Wächters, der die Überschreitung der Mauer verhindern soll. Der Wächter darf sich nicht von der Mauer entfernen. Die anderen Spieler stellen sich gemeinsam auf einer Seite des Spielfelds außerhalb der Mauer auf. Auf das Startsignal hin versuchen die Spieler, die Mauer zu überwinden bzw. auf die andere Seite zu gelangen, ohne von dem Wächter gefangen zu werden. Alle gefangenen Spieler werden ebenfalls zu Wächtern und müssen ihrerseits versuchen, die anderen zu fangen. Es gilt also, die entsprechenden Lücken zu finden und schnell zu nutzen. Der Spieler, der als Letzter übrig bleibt, gewinnt und spielt in der nächsten Runde den neuen Wächter.

Wusstest du schon,

... dass die Chinesische Mauer mit 8851 Kilometern das größte von Menschen geschaffene Bauwerk der Welt ist? Sie wurde errichtet, um das Land vor Überfällen der mongolischen Reiterstämme aus dem Norden zu schützen.

Kulturcheck

Erstellt in Kleingruppen ein eigenes Länderquiz mit Informationen zu China, die ihr für besonders interessant haltet. Denkt an folgende Bereiche: Länderdaten, Geografie, Sport/Kultur, Kurioses.

Bohnen pflanzen, Bohnen ernten

- **Herkunft:** China (Hongkong)
- **Spielerzahl:** 8 bis 20
- **Alter:** ab 6 Jahren
- **Fitness-Stufe:** mittel
- **Wettkampf-Stufe:** niedrig
- **Ort:** überall mit viel Platz
- **Material:** zehn Bohnen bzw. Bohnenkerne, Murmeln oder kleine Steine, Kreide, eine Trillerpfeife

So geht's:

Teilen Sie die Spieler in zwei gleich starke Teams ein. Die Teammitglieder stellen sich jeweils in einer Reihe hintereinander auf. Zeichnen Sie etwa sechs Meter von beiden Spielerreihen entfernt je fünf kleine Kreise auf den Boden. Der jeweils vorderste Spieler in der Reihe bekommt fünf Bohnen, die er vor sich auf den Boden legt. Wenn der Pfiff ertönt, schnappen sich die Spieler die erste Bohne, rennen zu den Kreisen und legen die Bohne in einen von ihnen hinein. Dann laufen sie zurück, nehmen sich die nächste Bohne, legen sie in einen der noch freien Kreise und sprinten wieder zurück. Das geht so lange weiter, bis alle fünf Bohnen „gepflanzt" sind. Dann ist der zweite Spieler in der Reihe am Zug, der nun eine Bohne nach der anderen „erntet". Das Ganze wiederholt sich immer wieder, bis alle Spieler einer Mannschaft einmal Bohnen pflanzen oder ernten durften. Gewonnen hat die Mannschaft, der dies als Erstes gelingt.

Wusstest du schon,

... dass das Neujahrsfest in China das wichtigste Familienfest im ganzen Jahr ist? Neujahr feiern die Chinesen jedes Jahr an einem anderen Tag: Immer zwischen dem 21. Januar und dem 20. Februar, und zwar genau in der ersten Neumondnacht zwischen diesen Tagen.

Kulturcheck

Findet heraus, wie die Menschen in China Neujahr feiern, welche Traditionen und Bräuche es gibt. Überlegt euch, in welcher Form ihr eure Forschungsergebnisse präsentieren möchtet, und stellt sie der Gruppe vor.

Stock-Weitwurf

(Gilli Danda)

- **Herkunft:** Indien
- **Spielerzahl:** 2 bis 14
- **Alter:** ab 8 Jahren
- **Fitness-Stufe:** niedrig
- **Wettkampf-Stufe:** niedrig
- **Ort:** großer, freier Platz im Freien
- **Material:** ein kurzer zylinderförmiger Holzstock (etwa 15 Zentimeter), ein länglicher Holzstock (etwa 70 Zentimeter)

So geht's:

Zum Spielen von Gilli Danda werden zwei Holzstöcke benutzt. Der „Danda" ist ein länglicher Stock, der gut geschwungen werden kann. Der „Gilli" hingegen ist ein kurzer, zylinderförmiger Holzstock. In den Boden wird eine kleine Grube gegraben, über die der „Gilli" quer gelegt wird. Ein Spieler schlägt mit dem „Danda" auf den „Gilli", um ihn aus der Grube in die Höhe zu befördern. Noch während sich der „Gilli" in der Luft befindet, schlägt der Spieler mit dem „Danda" gegen den „Gilli" und schleudert ihn auf diese Art so weit wie möglich weg. Anschließend wird gemessen, wie weit der „Gilli" geflogen ist. Dann ist der nächste Spieler an der Reihe. Es gewinnt derjenige, der den „Gilli" am weitesten geschlagen hat.

Wusstest du schon,

... dass sich die Leute in Indien hauptsächlich von Getreide, Hülsenfrüchten und Obst ernähren, da viele aus religiösen Gründen kein Fleisch essen?

Kulturcheck

Sucht nach einem vegetarischen Rezept, in dem typisch indische Zutaten verwendet werden, und probiert es aus.

Stein-Fangspiel

(Wolak-walik)

- **Herkunft:** Indonesien
- **Spielerzahl:** ab 2
- **Alter:** ab 8 Jahren
- **Fitness-Stufe:** niedrig
- **Wettkampf-Stufe:** niedrig
- **Ort:** überall
- **Material:** Kieselsteine oder Nüsse als Spielsteine

So geht's:

Bei diesem Spiel sitzen die Spieler im Kreis. Jeder bekommt eine gleiche Anzahl von Spielsteinen. Das Spiel beginnt, indem ein Spieler seine Spielsteine wild durcheinander vor sich auf dem Boden verteilt. Nur einen Stein behält er, den „kokojo". Diesen legt er sich auf den Handrücken, um ihn so in die Luft zu werfen. Solange der Stein in der Luft ist, sammelt er schnell alle Spielsteine ein. Dann fängt er den kokojo wieder auf. Dies ist eine sehr schwere Aufgabe, weil sie viel Koordination und Konzentration verlangt. Meistens braucht es mehrere Versuche, bis es gelingt. Es gewinnt, wer als Erstes alle Steine einsammeln konnte und den kokojo wieder auffängt.

Wusstest du schon,

... dass Indonesien der größte Inselstaat der Welt ist? Indonesien besteht aus 13 677 Inseln, von denen mehr als 6 000 bewohnt sind. Am bekanntesten ist die Ferieninsel Bali.

Kulturcheck

Grundnahrungsmittel in Indonesien ist Reis. Ein typisches indonesisches Gericht ist Nasi Goreng (Nasi = Reis; Goreng = gebraten). Nasi Goreng ist eigentlich ein Restessen aus gebratenem Reis mit unterschiedlichen Zutaten und üblicherweise mit Ei und Gemüse. Sucht in Kochbüchern nach einem Rezept für Nasi-Goreng und probiert es aus.

Ball treiben

(Glindingan)

- **Herkunft:** Indonesien
- **Spielerzahl:** ab 2
- **Alter:** ab 9 Jahren
- **Fitness-Stufe:** mittel
- **Wettkampf-Stufe:** mittel
- **Ort:** überall
- **Material:** zwei etwa körperlange Stöcke und ein Ball pro Spieler, Paketschnur, Kreide oder Hütchen

So geht's:

Für das Glindingan-Spiel bindet jeder Spieler zwei etwa körperlange Stöcke über Kreuz mit einer reißfesten Schnur zusammen, sodass vorn eine Gabel entsteht. Dann stellen sich die Spieler mit ihren Stöcken in einer Reihe nebeneinander an der Startlinie auf. Jeder hat einen Ball vor sich liegen. Auf das Startsignal hin versuchen die Spieler, mit den Stöcken den Ball über eine vorher abgesteckte Linie vor sich her zu treiben. Gewonnen hat derjenige, dessen Ball als Erstes über die Ziellinie rollt.

Variante:

Je nach Schwierigkeitsgrad dürfen die Spieler ihre Stöcke mit beiden Händen oder nur mit einer Hand führen.

Wusstest du schon,

... dass die Batik das bekannteste Exportprodukt Indonesiens ist? Batik ist eine besondere Technik, Stoffe zu färben, und stammt ursprünglich aus Java, der Hauptinsel des heutigen Indonesiens. Nach der traditionellen Methode wird dabei Wachs in mehreren Arbeitsschritten auf den Stoff aufgetragen. Bei der anschließenden Färbung nehmen dann nur die Stoffpartien Farbe an, die nicht vom Wachs bedeckt sind.

Kulturcheck

Weiße T-Shirts kannst du mit Batikmustern ganz einfach aufpeppen. Probiere es doch einmal aus! Recherchiere dazu im Internet nach Anleitungen zum Färben von Textilien nach der Batikmethode.

Muschelspiel

(Bekelan)

- **Herkunft:** Indonesien
- **Spielerzahl:** 5 bis 15
- **Alter:** ab 7 Jahre
- **Fitness-Stufe:** niedrig
- **Wettkampf-Stufe:** niedrig
- **Ort:** überall
- **Material:** einen Flummi, Muscheln

So geht's:

Die Spieler sitzen im Kreis und bestimmen einen, der anfangen darf. Dieser Spieler lässt den Flummi aus etwa 30 Zentimeter Höhe auf den Boden fallen. Bevor der Flummi den Boden zum zweiten Mal berührt, muss er eine der vor ihm liegenden Muscheln aufgesammelt haben. Dann muss er auch den Flummi wieder auffangen. Anschließend werden alle Muscheln wieder auf den Boden gelegt, und der nächste Spieler ist an der Reihe.

Schafft es ein Spieler, die Muschel aufzusammeln und den Flummi rechtzeitig zu fangen, muss der nächste Spieler auf die gleiche Wiese zwei Muscheln aufheben. So wird der Anspruch Stück für Stück erhöht. Sieger ist, wer nach zwei bis drei Spielrunden die höchste Anzahl von Muscheln einsammeln konnte.

Wusstest du schon,

... dass das traditionelle Schattentheater seinen Ursprung in Asien hat? Das Schattenspiel Wayang ist bei den Indonesiern nicht nur ein beliebter Zeitvertreib, sondern auch weltbekannt.

Kulturcheck

Sucht euch ein bekanntes Märchen aus, das ihr als Schattenspiel vorführt. Bastelt aus Karton Figuren, überlegt euch passende Dialoge und übt euer Stück gemeinsam ein. Für die Vorführung braucht ihr nur ein großes weißes Laken und einen Tageslichtprojektor.

Herr Tanaka

- **Herkunft:** Japan
- **Spielerzahl:** 6 bis 12
- **Alter:** ab 5 Jahren
- **Fitness-Stufe:** niedrig
- **Wettkampf-Stufe:** niedrig
- **Ort:** überall
- **Material:** keines erforderlich

Wusstest du schon,

... dass kein Getränk – mit Ausnahme von Wasser – weltweit so häufig getrunken wird wie Tee? Dabei hat jedes Land seine besonderen Teezeremonien und bereitet ihn auf eine spezielle Art zu. Wer nach dem traditionellen japanischen Ritual Tee genießen will, muss ausreichend Zeit mitbringen.

So geht's:

Ein Spieler schlüpft in die Rolle des Herrn Tanaka. Er stellt sich mit dem Gesicht an eine Mauer oder Hauswand. Die anderen Mitspieler stehen in einer Reihe etwa zehn Meter von der Mauer entfernt. Sobald der Spieler an der Mauer ruft: „Herr Tanaka steht heute nicht mehr auf!", bewegen sich alle Spieler in Richtung Wand. Allerdings dürfen sie nur so lange laufen, bis Herr Tanaka seinen Spruch aufgesagt hat. Bei dem Wort „auf" dreht sich Herr Tanaka ganz schnell um. Die Spieler müssen nun wie eingefroren in ihren Bewegungen ruhig auf der Stelle stehen bleiben. Überrascht Herr Tanaka einen Spieler bei irgendeiner Bewegung, muss dieser zu ihm kommen und ihm die Hand geben. Für die anderen geht das Spiel weiter. Immer wenn ein Spieler von Herrn Tanaka bei einer Bewegung entdeckt wird, nachdem er sich umgedreht hat, muss sich dieser der Kette von Mitspielern an der Mauer anschließen. Inzwischen kommen die anderen Spieler der Mauer immer näher und versuchen, ihre Mitspieler zu befreien. Dazu müssen sie die Kette der Hände durchschlagen und „Frei!" oder „Weg!" rufen. Gelingt dies, so zählt Herr Tanaka ganz schnell bis zehn. In dieser Zeit laufen die befreiten Spieler mit ihren Mitspielern von der Mauer weg. Hat Herr Tanaka bis zehn gezählt, ruft er: „Stopp!", und alle müssen sofort stehen bleiben. Dann ruft einer der Spieler zum Beispiel: „Fünf große Schritte!" oder „Zehn kleine Schritte!". Nun versucht Herr Tanaka, mit so vielen Schritten einen oder mehrere Mitspieler zu erreichen, um sie mit der Hand abzuschlagen. Die Mitspieler, die er erreicht hat, knobeln dann unter sich aus, wer der neue Herr Tanaka wird.

Kulturcheck

Informiert euch im Internet über den genauen Verlauf der Teezeremonie in Japan. Begeht gemeinsam in der Gruppe eine Teezeremonie nach japanischem Vorbild.

Parcourslauf

(Takeshi)

- **Herkunft:** Japan
- **Spielerzahl:** 10 bis 30
- **Alter:** ab 12 Jahren
- **Fitness-Stufe:** hoch
- **Wettkampf-Stufe:** hoch
- **Ort:** Sporthalle
- **Material:** alles, was sich für einen Hindernislauf eignet, Softbälle

So geht's:
Bauen Sie in Längsrichtung an einer Seite der Sporthalle, knapp zwei Meter von der Wand entfernt, einen Hindernisparcours auf. Dabei können Sie auf Materialien und Geräte zurückgreifen, die Ihnen in der Halle zur Verfügung stehen: Weichbodenmatten, große und kleine Kästen, Hütchen, Reifen usw. Stellen Sie in einigem Abstand zum Parcours, ebenfalls in Längsrichtung, eine Reihe von Turnbänken als Begrenzung auf. Teilen Sie die Spieler in zwei Mannschaften auf, eine Läufer- und eine Werfermannschaft. Eine Mannschaft beginnt als Läufer, d.h. sie muss versuchen, möglichst oft ihre Spieler durch den Parcours zu bringen, ohne dabei von den Werfern getroffen zu werden. Wer mit dem Ball abgeworfen wurde, läuft weiter, bekommt aber keinen Punkt. Die Werfermannschaft befindet sich hinter der Bankreihe und wirft von dort aus mit Softbällen auf die Läufer. Damit die Bälle wieder zurückkommen, müssen zwei bis drei Spieler der Werfermannschaft die Bälle einsammeln und zu ihren Mitspielern zurückwerfen. Jeder Läufer, der den Parcours durchläuft, ohne abgetroffen zu werden, erhält für seine Mannschaft einen Punkt. Wird er getroffen, so bekommt die Werfermannschaft einen Punkt. Takeshi wird auf Zeit gespielt, d.h. die Mannschaft, die nach einer bestimmten Spielzeit die meisten Punkte hat, gewinnt.

Wusstest du schon,

... dass Origami, die alte japanische Kunst des Papierfaltens, mittlerweile auf der ganzen Welt eine beliebte Bastel- und Kunstfertigkeit ist? Allein mit der Technik des Faltens, ohne Schneiden und Kleben, entstehen beim Origami fantasievolle Figuren aus Papier.

Kulturcheck

Sucht im Internet oder in Bastelbüchern nach Origami-Faltanleitungen, um selbst Figuren aus der Tier- oder Pflanzenwelt zu zaubern, und gestaltet eine Ausstellung mit euren eigenen Kreationen.

Stäbchen aufheben

- **Herkunft:** Laos
- **Spielerzahl:** 2 bis 10
- **Alter:** ab 5 Jahren
- **Fitness-Stufe:** niedrig
- **Wettkampf-Stufe:** niedrig
- **Ort:** jede ebene Fläche
- **Material:** 15 bis 30 Holzstäbchen je Mitspieler von etwa 25 Zentimeter Länge, ein kleiner Ball oder eine Walnuss

So geht's:

Alle Spieler bekommen 15 bis 30 dünne Holzstäbchen und setzen sich im Kreis auf den Boden. Ein Spieler wird ausgewählt, der beginnen darf. Dieser lässt seine Stäbchen aus etwa 15 bis 30 cm Höhe auf den Boden fallen, sodass sie kreuz und quer übereinander landen. Dann wirft der Spieler den Ball hoch und hebt schnell ein Stäbchen auf, solange der Ball noch in der Luft ist. Dann muss er auch den Ball wieder auffangen. Gelingt ihm das, so ist er gleich noch einmal an der Reihe, muss aber jetzt auf die gleiche Weise zwei Stäbchen auf einmal aufsammeln, dann drei Stäbchen usw. Schafft es der Spieler nicht, die Stäbchen aufzuheben und den Ball rechtzeitig zu fangen, oder hebt er die falsche Anzahl an Stäbchen auf, ist der nächste Spieler an der Reihe. Das Spiel dauert so lange, bis es ein Spieler schafft, alle Stäbchen auf einmal aufzuheben.

Variante:

Legen Sie vor Spielbeginn eine bestimmte Rundenzahl fest. Gewonnen hat, wer am Ende die meisten Stäbchen aufsammeln konnte.

Wusstest du schon,

... dass Laos der einzige Binnenstaat in Südostasien ist? Er grenzt an China, Vietnam, Kambodscha, Thailand und Myanmar und hat sechs Millionen Einwohner.

Kulturcheck

Stellt euch vor, ihr wollt eine Rundreise durch Laos machen, in der ihr viele Sehenswürdigkeiten besichtigen wollt. Plant eine Reiseroute für eine Woche. Denkt daran, wie ihr die einzelnen Orte miteinander verbinden könnt.

Kreis-Fangspiel

(Loo K'bah Zee)

- **Herkunft:** Myanmar
- **Spielerzahl:** ab 12
- **Alter:** ab 6 Jahren
- **Fitness-Stufe:** mittel
- **Wettkampf-Stufe:** niedrig
- **Ort:** überall
- **Material:** ein kleiner Ball oder ein Reissäckchen

So geht's:
Alle Spieler stehen im Kreis und halten die Hände auf dem Rücken, sodass man etwas hineinlegen kann. Ein Spieler geht mit einem kleinen Gummiball oder einem Reissäckchen außen um den Kreis herum. Irgendwann legt er den Ball einem Spieler in die Hände. Dieser Spieler rennt entgegen der Laufrichtung des Spielers, der ihm den Ball in die Hände gelegt hat, um den Kreis. Beide versuchen, so schnell wie möglich, an den frei gewordenen Stehplatz zu kommen. Wer übrig bleibt, bekommt den Ball und geht wieder um den Kreis herum.

Wusstest du schon,

... dass die am weitesten verbreitete Religion in Myanmar der Buddhismus ist? Ein wichtiges Element im Buddhismus ist die Meditation. Buddhistische Mönche meditieren mit Hilfe von Mandalas. Ein Mandala ist ein Bild in Kreisform, in dem sich Formen und Muster wiederholen.

Kulturcheck

Male dir dein eigenes Mandala! Beim Zeichnen beginnst du immer in der Mitte des Kreises. Von dort aus malst du gleichmäßige Formen in alle Richtungen.

Steinchen, flieg!

- **Herkunft:** Pakistan
- **Spielerzahl:** 2 bis 4
- **Alter:** ab 8 Jahren
- **Fitness-Stufe:** niedrig
- **Wettkampf-Stufe:** niedrig
- **Ort:** überall
- **Material:** Kreide oder Klebeband, fünf kleine, runde Steine (die Flugsteine), eine Markierung für jeden Spieler (bemalte Steine oder Zweige)

So geht's:

Malen oder kleben Sie einen Kreis auf den Boden, der von zwei Linien gekreuzt wird, sodass vier gleich große „Kuchenteile" entstehen. Jeder Spieler stellt sich jeweils dort, wo eine der Linien beginnt, an den Rand des Kreises. Dort legt er seine Markierung ab. Dann wird ausgelost, wer als Erstes beginnen darf. Dieser Spieler wirft alle fünf Steine in die Luft und versucht, sie mit den Handrücken wieder aufzufangen. Je nachdem, wie viele Steine er auffängt, darf er in Richtung Kreismitte vorrücken:

- Fängt er keinen Stein, so bleibt seine Markierung wo sie ist, und der Nächste ist dran.
- Fängt er einen Stein, darf er seine Markierung einen Fingerbreit näher zur Kreismitte bewegen.
- Fängt er zwei Steine, darf er seine Markierung zwei Fingerbreit näher zur Mitte versetzen.
- Fängt er drei Steine, verliert er diese Runde und muss in der nächsten aussetzen.
- Fängt er vier Steine, bewegt er seine Markierung vier Fingerbreit näher Richtung Kreismitte.
- Fängt der Spieler alle fünf Steine, wirft er sie nochmals von dem Handrücken in die Luft und versucht, sie alle mit einer Hand aufzufangen. Schafft er das, darf er seine Markierung eine ganze Handbreit weiter in die Mitte rücken.

Ein Spieler ist so lange an der Reihe, bis er keinen oder drei Steine fängt. Dann kommt der Nächste dran. Es gewinnt derjenige, der als Erstes mit seiner Markierung in der Kreismitte ankommt.

Wusstest du schon,

... dass fast alle Pakistaner Muslime sind? Das heißt, ihre Religion ist der Islam.

Kulturcheck

Für Muslime gibt es fünf Pflichten. Sie werden auch die „fünf Säulen" des Islam genannt. Finde heraus, was hinter den fünf Säulen des Islam steckt.

Stöckchen schießen

- **Herkunft:** Pakistan
- **Spielerzahl:** 2 bis 10 pro Kreis
- **Alter:** ab 8 Jahren
- **Fitness-Stufe:** niedrig
- **Wettkampf-Stufe:** niedrig
- **Ort:** großer, freier Platz mit festem Untergrund
- **Material:** Kreide, sechs 30 Zentimeter lange Stöcke, ein kleiner, weicher Ball

So geht's:
Zeichnen sie mit Kreide einen Kreis mit ungefähr 60 Zentimetern Durchmesser auf den Boden. Legen Sie die sechs Stöcke ohne besondere Ordnung in den Kreis hinein. Markieren Sie drei bis vier Meter vom Kreis entfernt eine Wurflinie. Nun versuchen die Spieler der Reihe nach, die Stöcke mit einem kleinen Ball aus dem Kreis zu schießen. Jeder Spieler hat zwei Versuche. Für jeden Stock, der außerhalb des Kreises landet, gibt es fünf Punkte. Bevor der Nächste an der Reihe ist, werden alle Stöcke wieder in den Kreis zurückgelegt. Gewonnen hat, wer als Erstes eine vorher festgelegte Punktzahl erreicht.

Variante:
Anstatt alleine zu spielen, können die Spieler auch Zweierteams bilden, die dann gegeneinander zum Stöckchenschießen antreten.

Wusstest du schon,

... dass 70 % aller Fußbälle, die es auf der Welt zu kaufen gibt, aus Sialkot, einer Stadt im Nordosten Pakistans kommen? Ein richtig guter Fußball kann bei uns über 50 Euro kosten. Davon erhalten die Näher in Pakistan aber nur etwa 56 Cent!

Kulturcheck

Du spielst gern Fußball? Orangensaft ist dein Lieblingsgetränk? Du isst gern Bananen? In Deutschland gibt es Geschäfte, die den Namen Dritte/Eine-Welt-Läden tragen. Weltläden verkaufen fair gehandelte Waren, das heißt die Bauern und Handwerker wurden „fair" dafür entlohnt. Schau dich einmal in einem Weltladen um, und recherchiere, was für Produkte es dort alles zu kaufen gibt und woher sie kommen.

Ich versteh nur Bahnhof!

- **Herkunft:** Sri Lanka
- **Spielerzahl:** 10 bis 30
- **Alter:** ab 10 Jahren
- **Fitness-Stufe:** niedrig
- **Wettkampf-Stufe:** niedrig
- **Ort:** überall
- **Material:** keines erforderlich

So geht's:

In diesem Spiel wird normalerweise mit den Namen örtlicher Bahnhöfe in Sri Lanka gespielt, aber natürlich können Sie es auch mit anderen Bahnhöfen, Städten oder Straßen spielen, die die Kinder oder Jugendlichen kennen.

Die Gruppe sitzt im Kreis, der Ansager in der Mitte. Jeder wählt den Namen eines Bahnhofs. Dann sagt der Ansager „Der Zug fährt von ... nach ..." Die beiden Spieler, deren Bahnhof vom Ansager aufgerufen wurde, springen auf und versuchen, so schnell wie möglich, die Plätze zu tauschen. Gleichzeitig versucht auch der Ansager, sich auf einen der frei gewordenen Plätze zu setzen. Gelingt ihm das, wird der übrig gebliebene Spieler zum neuen Ansager. Ruft der Ansager „Heute fahren nur Expresszüge!", müssen alle Spieler zugleich die Plätze tauschen.

Variante:

Der Ansager ruft drei Bahnhöfe auf einmal aus.

Wusstest du schon,

... dass in Sri Lanka das weltweit einzige „Waisenhaus" für Elefanten steht? Über 50 Tiere werden im Waisenhaus gepflegt, gefüttert und zum Baden geführt.

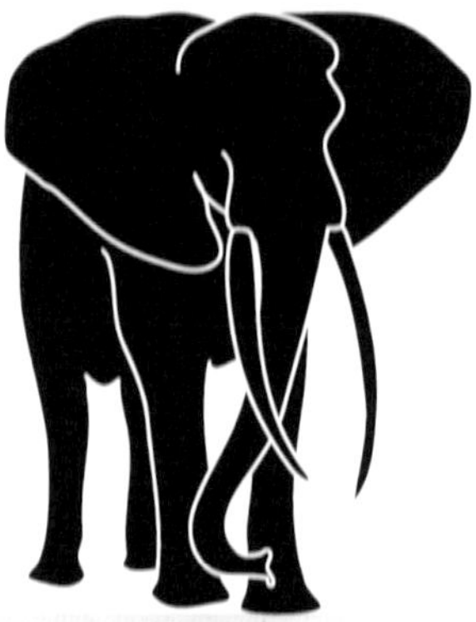

Kulturcheck

Wann wurde aus Ceylon Sri Lanka? Warum hat das Land seinen Namen gewechselt?

Europa

Hase und Jäger

- **Herkunft:** Belgien
- **Spielerzahl:** 12 bis 30
- **Alter:** ab 6 Jahren
- **Fitness-Stufe:** hoch
- **Wettkampf-Stufe:** mittel
- **Ort:** Schulhof oder Sporthalle
- **Material:** ein Softball

So geht's:

Teilen Sie die Gruppe in zwei Mannschaften auf. Die eine Mannschaft ist die Jägermannschaft, die andere Gruppe sind die Hasen.
Die Jäger bekommen den Ball. Beide Mannschaften verteilen sich auf dem Spielfeld. Die Jäger versuchen, die Hasen mit dem Ball abzuwerfen. Der Jäger, der gerade im Ballbesitz ist, darf sich mit dem Ball nicht bewegen, sodass die Hasen vor ihm weglaufen können. Ist ein Hase getroffen, muss er sich in die Hocke setzen.
Ziel ist es, in einer bestimmten Zeit möglichst viele Hasen zu treffen. Danach werden die Rollen gewechselt, das heißt die Jäger werden zu Hasen und umgekehrt. Gewonnen hat die Mannschaft, die in der vorgegebenen Zeit die meisten Hasen abgetroffen hat.

Variante:

Fängt ein Hase einen Ball, den ein Jäger nach ihm geworfen hat, wird der Jäger selbst zum Hasen.

Wusstest du schon,

... dass Belgien einer der größten Schokoladenhersteller der Welt ist? Besonders beliebt sind die belgischen Pralinen. Diese wurden 1912 von Jean Neuhaus jun. in Brüssel erfunden. Er entwickelte damals im Betrieb seines Vaters das erste gefüllte Schokoladenbonbon, das er Praline nannte.

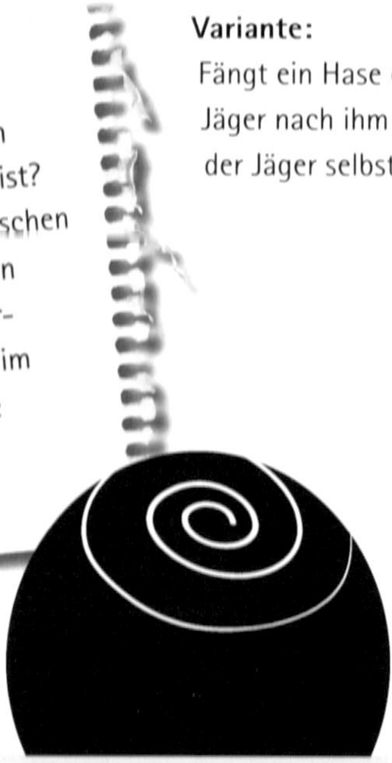

Kulturcheck

Suche in Schokoladen- und Backbüchern in der Bibliothek oder zu Hause nach Rezepten für Pralinen, und probiere sie selbst aus.

Prellball

- **Herkunft:** Deutschland
- **Spielerzahl:** 8
- **Alter:** ab 11 Jahren
- **Fitness-Stufe:** hoch
- **Wettkampf-Stufe:** hoch
- **Ort:** Schulhof oder Sporthalle
- **Material:** ein Volleyball, ein Seil

So geht's:

Auf einem rechteckigen Spielfeld, das etwa 16 Meter lang und acht Meter breit ist, stehen sich zwei Mannschaften mit je vier Spielern gegenüber. Das Spielfeld wird durch ein etwa 40 Zentimeter hohes Seil in zwei Spielfeldhälften geteilt. Ziel des Spieles ist es, den Ball mit dem Unterarm oder der Faust so auf den Boden der eigenen Spielfeldhälfte zu prellen, dass er über das Seil ins gegnerische Feld gelangt. Aufgabe jeder Mannschaft ist es, den Ball so in das gegnerische Feld zu prellen, dass die gegnerischen Spieler diesen nicht oder nur schwer erreichen können. Der Ball darf nach jedem Spielerkontakt nur einmal auf den Boden aufprellen und muss spätestens nach dem dritten Mal ins gegnerische Feld gespielt werden. Jeder Spieler darf den Ball nur einmal prellen. Weder der Ball noch die Spieler dürfen das Seil berühren. Bei jedem Fehler der einen Mannschaft wird der anderen ein Punkt gutgeschrieben. Angabe hat die Mannschaft, die den Fehler begangen hat. Die Mannschaft, die am Ende des Spieles die meisten Gutbälle erzielt hat, hat das Spiel gewonnen.

Wusstest du schon,

... dass das Oktoberfest in München mit rund sechs Millionen Besuchern das weltweit größte Volksfest ist und im Ausland als „typisch deutsch" gilt?

Kulturcheck

Welches Bild haben Menschen aus anderen Ländern von den Deutschen? Was ist eigentlich „typisch deutsch"? Tauscht euch über Klischees und Vorurteile aus, die mit Deutschland in Verbindung gebracht werden. Gestaltet eine kleine Foto-Bild-Serie zum Thema „Das alles ist Deutschland – das alles sind wir!"

Fischer, Fischer, wie tief ist das Wasser?

- **Herkunft:** Deutschland
- **Spielerzahl:** ab 12
- **Alter:** ab 5 Jahren
- **Fitness-Stufe:** niedrig
- **Wettkampf-Stufe:** niedrig
- **Ort:** Sporthalle, Wiese
- **Material:** keines erforderlich

So geht's:

An den zwei langen Seiten einer Halle oder einer Wiese stehen sich auf der einen Seite der Fischer, auf der anderen Seite alle anderen Mitspieler (die Fische) gegenüber. Zwischen dem Fischer und den Fischen liegt das Meer.

Die Fische rufen: „Fischer, Fischer, wie tief ist das Wasser?"

Der Fischer antwortet zum Beispiel: „Einhundert Meter!"

„Und wie kommen wir rüber?", rufen die Fische.

Der Fischer antwortet: „Auf einem Bein hüpfen!"

Alle, auch der Fischer, hüpfen nun auf einem Bein auf die andere Seite. Der hüpfende Fischer versucht, so viele Fische wie möglich zu fangen. Jeder gefangene Fisch wird in der nächsten Runde auch zum Fischer. In jeder Runde darf sich der Fischer eine neue Fortbewegungsart ausdenken, zum Beispiel im Krebsgang, rückwärts springend ...

Das Spiel geht so lange weiter, bis zum Schluss nur noch ein einziger Fisch übrig ist. Dieser Spieler ist der Sieger und darf den nächsten Fischer spielen.

Wusstest du schon,

... dass die Deutschen im Urlaub europaweit das meiste Geld ausgeben?

Kulturcheck

Dem Ruf, Reiseweltmeister zu sein, werden die Deutschen Jahr für Jahr gerecht. Aber wohin verreisen sie am liebsten, und warum verreisen sie überhaupt? Macht eine Umfrage in eurer Stadt, um herauszufinden, was die beliebtesten Reiseziele der Deutschen sind. Überlegt euch, wie ihr die Ergebnisse am besten präsentieren könnt.

Griechisches Ballspiel

- **Herkunft:** Griechenland
- **Spielerzahl:** 20 bis 30
- **Alter:** ab 9 Jahren
- **Fitness-Stufe:** mittel
- **Wettkampf-Stufe:** mittel
- **Ort:** jeder große Platz
- **Material:** ein (Volley-)Ball, Kreide oder Hütchen zum Markieren des Spielfelds

So geht's:

Teilen Sie die Spieler in zwei Mannschaften ein. Ziehen Sie zwei parallele Linien im Abstand von fünf bis zehn Metern zueinander. Legen Sie den Ball in die Mitte zwischen die beiden Linien. Die Spieler der beiden Teams stellen sich in einer Reihe an ihrer Linie auf und zählen durch, sodass jeder eine Nummer hat. Sobald Sie eine Nummer aufrufen, rennt aus jedem Team der Spieler mit der entsprechenden Nummer in die Mitte zum Ball. Derjenige, der zuerst ankommt, hebt den Ball auf und bleibt stehen. Dann versucht er, den Ball über die Linie der gegnerischen Mannschaft zu werfen. Beim Werfen darf er nur einen einzigen Schritt nach vorne machen. Kann der Spieler den Ball über die Linie werfen, bekommt seine Mannschaft einen Punkt. Wirft er daneben oder kann die andere Mannschaft den Ball fangen oder blocken, stellen sich beide Teams wieder an ihren Linien auf und eine neue Nummer wird aufgerufen.

Setzen Sie vor Spielbeginn eine Punktzahl, bis zu der gespielt werden soll, oder ein Zeitlimit fest. Achten Sie auch darauf, dass Sie jeden Spieler mindestens einmal aufrufen. Das Team, das als Erstes die entsprechende Punktzahl erreicht oder in der festgelegten Zeit die meisten Punkte sammelt, gewinnt.

Variante:

Verändern Sie den Abstand der beiden Linien zueinander, je nach Alter und Wurfvermögen der Spieler.

Wusstest du schon,

... dass die alten Griechen schon lange vor den anderen Europäern Buchstaben und Schrift benutzten? Von den ersten zwei Buchstaben des griechischen Alphabets „Alpha" und „Beta" haben wir das Wort: Alphabet. In Italien wurde daraus etwa 100 Jahre später die lateinische Schrift geschaffen, die wir noch heute verwenden.

Griechisches Ballspiel

Kulturcheck

Recherchiere im Internet, wie die Griechen ihre Buchstaben schreiben, und gestalte ein Schmuckblatt mit deinem Namen in griechischer Schrift.

Wurfball

(Skyros)

- **Herkunft:** Griechenland
- **Spielerzahl:** 20 bis 30
- **Alter:** ab 10 Jahren
- **Fitness-Stufe:** hoch
- **Wettkampf-Stufe:** mittel
- **Ort:** Rasenplatz oder Schulhof
- **Material:** (Volley-)Ball, Kreide, Klebeband oder Hütchen zum Markieren des Spielfelds

So geht's:
Markieren Sie ein rechteckiges Spielfeld, das 25 Meter lang und zwölf Meter breit ist. Eine Mittellinie teilt das Spielfeld in zwei Hälften. Teilen Sie die Spieler in zwei Teams ein, die sich in ihrer Spielfeldhälfte frei verteilen. Durch Münzwurf wird entschieden, welches Team im Ballbesitz ist.
Ein Spieler schießt den Ball von der Grundlinie ins gegnerische Feld. Die gegnerische Mannschaft versucht, den Ball zu fangen. Wird der Ball von der gegnerischen Mannschaft nicht gefangen, bekommt das andere Team einen Punkt, und der Ball wird von der Grundlinie wieder ins Spiel gebracht. Gelingt es einem Spieler, den Ball zu fangen, darf er sich nicht mehr bewegen und muss den Ball vom Stand aus ins gegnerische Feld zurückwerfen. Nun versucht natürlich die andere Mannschaft, den Ball aus der Luft zu fangen. Immer wenn der Ball nicht gefangen wird, bekommt die gegnerische Mannschaft einen Punkt. Gewonnen hat das Team, das nach einer vorher vereinbarten Spielzeit die meisten Punkte hat.

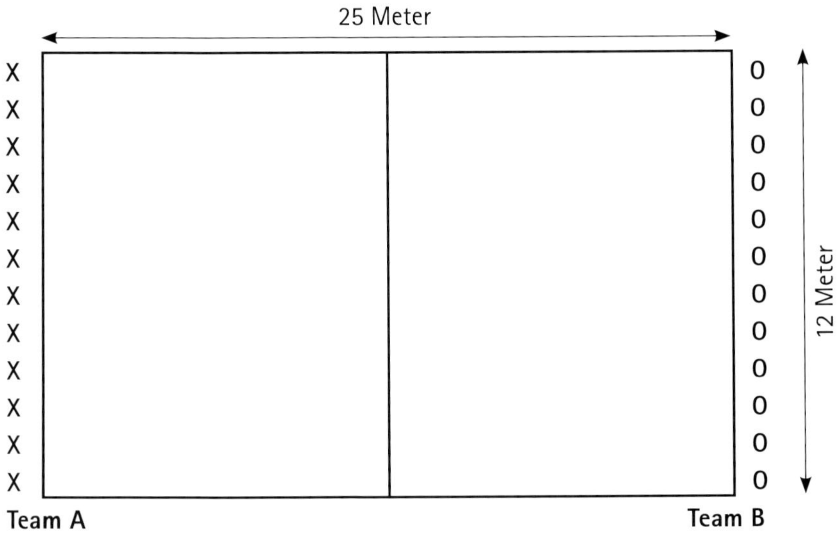

Wurfball

Wusstest du schon,

... dass die ersten Olympischen Spiele im Jahr 776 vor Christus im griechischen Olympia stattfanden?

Kulturcheck

Informiere dich im Internet oder in Büchern über die Disziplinen der antiken Olympischen Spiele. Wähle eine antike Disziplin aus, und stelle sie deinen Mitschülern vor. Dabei kannst du auch auf die Bekleidung der Sportler, die verwendeten Spielgeräte und Regeln eingehen.

Das Dreieck-Spiel

- **Herkunft:** Griechenland
- **Spielerzahl:** 2 bis 6
- **Alter:** ab 6 Jahren
- **Fitness-Stufe:** niedrig
- **Wettkampf-Stufe:** niedrig
- **Ort:** Schulhof
- **Material:** Kreide, kleine bunte Steine (oder andere bunte Gegenstände) für jeden Spieler

So geht's:

Zeichnen Sie ein etwa ein Meter hohes Dreieck auf den Boden, und unterteilen Sie es in drei Felder. Jeder Spieler bekommt drei farbige Steine. Die Spieler stellen sich mit ihren Steinen zwei bis fünf Meter von dem Dreieck entfernt hinter einer Markierung auf. Nun werfen sie der Reihe nach ihre Steine, wobei sie sich aussuchen können, ob sie nur einen Stein werfen oder nacheinander alle auf einmal. Dabei kann es natürlich vorkommen, dass manche Steine von anderen aus dem Dreieck hinaus oder in einen anderen Abschnitt gekickt werden. Haben alle ihre Steine geworfen, zählen die Spieler ihre Punkte zusammen. Je nachdem, in welchem Teil des Dreiecks die Steine gelandet sind, gibt es einen, zwei oder drei Punkte. Liegt ein Stein auf einer Linie, bekommt der Spieler die niedrigere Punktzahl. Um die höhere Punktzahl zu bekommen, muss der Stein deutlich innerhalb des entsprechenden Abschnitts liegen. Gewonnen hat der Spieler, der als Erstes 50 Punkte erreicht hat.

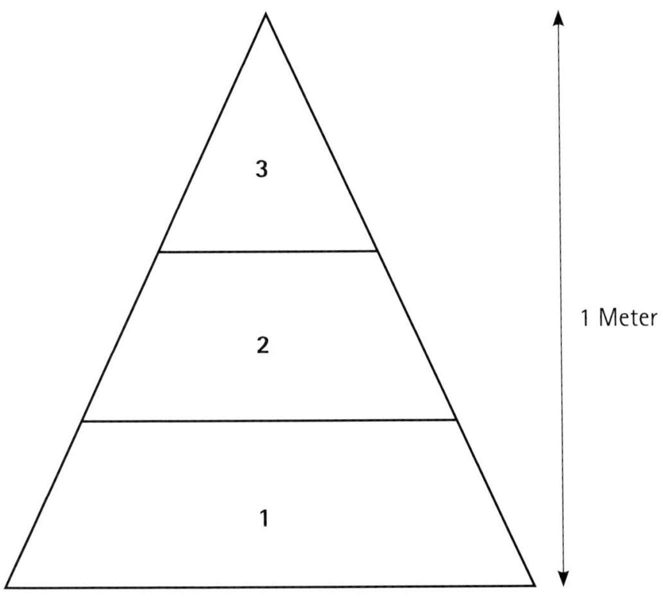

Das Dreieck-Spiel

Wusstest du schon,

... dass Griechenland als Land der Mythen und Sagen gilt? Sie erzählen uns Geschichten über die Götter und Helden des antiken Griechenland, ihre Abenteuer und Irrfahrten.

Kulturcheck

Schmökert in Büchern mit griechischen Sagen, und sucht euch eine Sage aus, die ihr gerne vorstellen möchtet. Ihr könnt die Sage zum Beispiel mit verteilten Rollen lesen, eine Szene aus der Sage vorspielen oder mit Hilfe von selbstgemalten Bildern die Sage nacherzählen.

Hüpfkästchen

(Hopscotch)

- **Herkunft:** Großbritannien
- **Spielerzahl:** 2 bis 6
- **Alter:** ab 5 Jahren
- **Fitness-Stufe:** niedrig
- **Wettkampf-Stufe:** niedrig
- **Ort:** Schulhof
- **Material:** Kreide, ein kleiner Stein, Stöckchen oder Pfirsichkern

So geht's:

Das Hüpfkästchenspiel kommt ursprünglich aus England. Zwar gibt es viele unterschiedliche Varianten, die Regeln aber sind meistens dieselben. Bei dieser Variante wird der Stein in das Feld 1 gelegt. Dann hüpft der Spieler auf einem Fuß in das Feld 1 nach und versucht, den Stein mit dem freien Fuß in das zweite Feld zu kicken. Aber schön vorsichtig! Denn der Stein darf nicht zu weit gekickt werden oder auf einer Linie liegen bleiben. Außerdem darf der Spieler beim Hüpfen nicht auf eine Linie treten oder mit seinem freien Fuß den Boden berühren. Das zählt als Fehler, und der Spieler muss eine Runde aussetzen. Wenn der Stein im nächsten Feld liegt, darf hinterhergehüpft werden. Der Stein wird bis ins Feld 9 gekickt. In dem Halbkreis dreht sich der Spieler, um dann den Weg wieder zurückzuhüpfen. Gewonnen hat der Spieler, dem es als Erstes gelingt, seinen Stein fehlerfrei rauf- und wieder herunterzukicken.

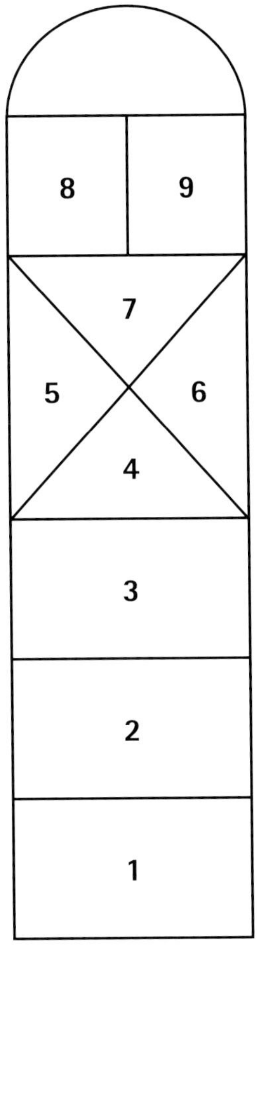

Variante:

Bei einer anderen beliebten Variante hüpft man auf einem Fuß in die Einzelfelder und „grätscht" in die Doppelfelder, sodass man mit jedem Fuß in einem Kästchen steht. Den Stein kickt man dabei mit dem Fuß, der im entsprechenden Kästchen steht.

Hüpfkästchen

Wusstest du schon,

... dass Großbritannien der größte Inselstaat Europas ist? Eigentlich heißt das Land „Vereinigtes Königreich Großbritannien und Nordirland". Die meisten Menschen reden aber immer nur von „Großbritannien", obwohl das, streng genommen, falsch ist. Denn das „Vereinigte Königreich" besteht aus vier Landesteilen.

Kulturcheck

Finde heraus, aus welchen vier Teilen das „Vereinigte Königreich" besteht. Stelle die vier Landesteile in Form eines Steckbriefes vor.

Kegelspiel

- **Herkunft:** Großbritannien
- **Spielerzahl:** 3
- **Alter:** ab 10 Jahren
- **Fitness-Stufe:** hoch
- **Wettkampf-Stufe:** niedrig
- **Ort:** überall
- **Material:** Kreide zum Markieren des Spielfelds, ein Ball

So geht's:
Bei diesem Ballspiel übernimmt ein Spieler die Rolle eines „menschlichen Kegels". Der Spieler, der den Kegel darstellt, steht in einem Kreis. Zwei weitere Spieler stehen sich jeweils drei Meter vom Kreis entfernt an einer Abspiellinie gegenüber. Diese beiden Spieler rollen nun abwechselnd den Ball wie beim Kegeln über den Boden und versuchen dabei, den „menschlichen Kegel" an den Beinen zu treffen. Der Spieler im Kreis weicht natürlich dem Ball aus, indem er zum Beispiel über den Ball springt oder auf einem Bein steht. Allerdings darf er dabei seinen Kreis nicht verlassen. Wenn der Spieler im Kreis getroffen wird, tauscht er den Platz mit demjenigen Spieler, der ihn getroffen hat.

Variante:
Setzen Sie vor Spielbeginn eine Spielzeit (zum Beispiel fünf Minuten) fest. Der Spieler im Kreis bekommt für jedes gelungene Ausweichmanöver einen Punkt. Im Gegenzug erhalten die beiden anderen Spieler immer dann einen Punkt, wenn sie den Spieler im Kreis getroffen haben. Gewonnen hat, wer nach Ablauf der Spielzeit mehr Punkte sammeln konnte.

Wusstest du schon,

... dass Plumpudding ein englisches Weihnachtsgericht ist, das man spätestens am ersten Advent zubereiten sollte? Denn Plumpudding schmeckt erst dann richtig, wenn er mindesten drei Wochen gelagert wurde.

Kulturcheck

Welche traditionellen Gerichte kommen bei uns in Deutschland an Weihnachten auf den Tisch? Stellt gemeinsam ein kleines Weihnachtskochbuch mit Rezepten zusammen.

Hüpfschnecke

- **Herkunft:** Großbritannien
- **Spielerzahl:** 2 bis 6
- **Alter:** ab 5 Jahren
- **Fitness-Stufe:** niedrig
- **Wettkampf-Stufe:** niedrig
- **Ort:** Schulhof
- **Material:** Kreide

So geht's:

Malen Sie ein Schneckenhaus mit einem Startfeld auf den Boden. Vom Start aus hüpfen die Spieler auf einem Bein durch die Felder des Schneckenhauses bis zur Mitte. Das Feld in der Mitte ist zum Ausruhen und Umdrehen und heißt deshalb „Pausenfeld". Dort darf man auf beiden Beinen stehen. Nach einer kurzen Verschnaufpause dreht sich der Spieler um und hüpft auf einem Bein bis zum Start wieder zurück. Wer es schafft, eine Runde durch das Schneckenhaus zu hüpfen, ohne dabei auf eine Linie zu treten, darf sich ein beliebiges Feld aussuchen, das ihm gehört. In dieses Feld schreibt der Spieler seinen Namen, dass nun sein „Besitzfeld" ist. Die anderen Spieler dürfen dann dieses „Besitzfeld" nicht mehr betreten, sondern müssen es überhüpfen. Nur noch der Spieler, dem das Feld gehört, darf dort hineinhüpfen. Immer wenn ein Spieler das Schneckenhaus fehlerfrei durchhüpft, darf er sich ein Feld mit seinem Namen beschriften. Tritt ein Spieler aber auf eine Linie oder hüpft in ein fremdes „Besitzfeld", so scheidet er aus. Das Spiel geht so lange weiter, bis keiner mehr das Pausenfeld erreichen kann, weil er sonst in ein fremdes „Besitzfeld" hüpfen müsste, oder nur noch ein Spieler übrig ist.

Wusstest du schon,

„... dass jedes Jahr Millionen von Briten vor dem Fernseher ganz gespannt das Oxford-Cambridge-Bootsrennen verfolgen? Seit 1820 findet das Bootsrennen zwischen den Achtern der beiden ältesten englischen Universitäten auf der Themse statt.

Kulturcheck

Macht eine kleine Umfrage an eurer Schule, unter Freunden oder in eurer Stadt zu wichtigen Sportereignissen in Deutschland. Wertet die Umfrage aus, und stellt die Ergebnisse vor.

Kartoffelrennen

(Potato Race)

- **Herkunft:** Großbritannien
- **Spielerzahl:** beliebig
- **Alter:** ab 5 Jahre
- **Fitness-Stufe:** niedrig
- **Wettkampf-Stufe:** niedrig
- **Ort:** überall
- **Material:** Kreide oder Klebeband, Kartoffeln, Körbe, Eimer oder Ähnliches

So geht's:

Jeder Spieler bekommt einen Korb, der neben ihm an der Startlinie aufgestellt wird. Legen Sie für jeden Spieler gleich viele Kartoffeln – immer im Abstand von einigen Metern – vom Start in einer Reihe aus. Auf ein Startzeichen hin rennen die Spieler los, nehmen eine Kartoffel, laufen zurück und legen sie in den Korb. Das geht so weiter, bis alle Kartoffeln eingesammelt sind. Sieger ist, wer als Erster alle Kartoffeln in seinen Korb abgelegt hat.

Variante:

Sind viele Spieler am Start, können Sie das Kartoffelrennen auch als Staffel spielen.
Erhöhen Sie den Schwierigkeitsgrad, indem sie die Spieler die Kartoffeln auf einem Löffel transportieren lassen.

Wusstest du schon,

... dass Stonehenge eine der ältesten Sehenswürdigkeiten Englands ist? Die Steinkreis-Anlage ist eine Kultstätte aus der Jungsteinzeit. Um die geheimnisvolle Kultstätte ranken sich bis heute viele Sagen und Legenden.

Kulturcheck

Welche Sehenswürdigkeiten würdest du einem Besucher in deiner Heimat zeigen? Entwirf ein Plakat mit den wichtigsten Sehenswürdigkeiten Deutschlands, die Touristen bei ihrem Deutschlandaufenthalt unbedingt besuchen müssen.

Hüpfkästchen

(Gioco del Mondo)

- **Herkunft:** Italien
- **Spielerzahl:** 2 bis 6
- **Alter:** ab 5 Jahren
- **Fitness-Stufe:** mittel
- **Wettkampf-Stufe:** mittel
- **Ort:** Schulhof
- **Material:** Kreide, ein kleiner flacher Stein oder ähnlicher Gegenstand

So geht's:
Das Startfeld ist die Erde. Auf die Felder 1, 2, 3, 6 und 9 wird einbeinig gehüpft, auf die Felder 4/5 und 7/8 wird gegrätscht, das heißt mit beiden Füßen gleichzeitig. Das Hölle-Feld wird immer übersprungen. Im Himmel landet man dann mit geschlossenen Beinen. Dort angekommen, hüpft man mit einer halben Umdrehung über das Hölle-Feld wieder ins Feld 9 und dann nach dem gleichen Schema zurück zum Anfang. Dann übergibt man an den nächsten Spieler.
Im ersten Durchgang hüpft der Spieler von der Erde direkt ins Feld 1 und weiter über die Hölle bis in den Himmel und zurück.
Im zweiten Durchgang steht der Spieler im Erde-Feld. Er wirft seinen Stein auf das Feld 1, hüpft auf das Feld 2 und von dort direkt auf das Feld 3 und dann weiter bis in den Himmel und wieder zurück bis zum Feld 2. Vom Feld 2 aus nimmt er den Stein im Feld 1 auf, hüpft auf das Feld 1 und weiter auf das Erde-Feld. In den folgenden Durchgängen wird nach dem gleichen Ablauf das Feld 2 in Angriff genommen, dann das Feld 3 usw.
Begeht ein Spieler beim Werfen des Steins oder beim Hüpfen einen Fehler, kommt der nächste Spieler an die Reihe und man muss die Runde wiederholen, wenn man wieder dran ist. Als Fehler gilt, wenn der Spieler in das Hölle-Feld hüpft, der Stein auf einer Linie oder in einem falschen Feld landet, wenn ein Spieler auf eine Linie hüpft oder einen Fehler beim Ablauf macht. Sieger ist, wer mit seinem Stein zuerst in Feld 9 angekommen ist.

Wusstest du schon,

... dass der Venezianer Marco Polo (1254 –1324) von einer China-Reise das Spagetti-Rezept nach Europa gebracht haben soll?

Hüpfkästchen

Variante:
Schafft ein Spieler einen Durchgang ohne Fehler, darf er gleich weiterhüpfen, bis er einen Fehler macht.

Kulturcheck

Bei italienischem Essen denkt man an Pasta, Pizza, Mozzarella und Tomaten. Aber was isst man in Deutschland? Macht euch auf eine Reise durch die deutsche Küche, und stellt Spezialitäten aus den verschiedenen Regionen Deutschlands vor.

Römisches Boccia

- **Herkunft:** Italien
- **Spielerzahl:** 4
- **Alter:** ab 8 Jahren
- **Fitness-Stufe:** niedrig
- **Wettkampf-Stufe:** niedrig
- **Ort:** draußen
- **Material:** Kreide, acht möglichst runde Steine, ein Kieselstein

So geht's:
Zeichnen sie eine Spielbahn auf den Boden: 20 Schritte lang und fünf Schritte breit. Bilden Sie dann zwei Mannschaften mit je zwei Spielern. Jeder Spieler erhält zwei runde Steine, sodass jede Mannschaft insgesamt vier Steine hat. Werfen Sie zu Beginn des Spiels einen kleinen Kieselstein ans andere Ende der Bahn. Nun versuchen die beiden Mannschaften abwechselnd, mit ihren Steinen dem Kieselstein möglichst nahe zu kommen. Dabei ist es nicht nur wichtig, den eigenen Stein möglichst nahe an den Kieselstein heranzurollen, sondern auch gegnerische Steine wieder von ihm wegzuschießen. Das ist nicht nur erlaubt, sondern sogar entscheidend für die Taktik des Spiels. Denn Sieger ist die Mannschaft, die mit einem ihrer Steine dem Kieselstein am nächsten liegt.

Variante:
Tragen Sie ein kleines Boccia-Turnier aus. Bilden Sie einfach vier, sechs oder acht Mannschaften mit jeweils zwei Spielern, die in Vorrunden, Viertelfinale, Halbfinale und Endspiel um den Sieg kämpfen.

Wusstest du schon,

... dass in der italienischen Lagunenstadt Venedig der berühmteste Karneval Europas gefeiert wird? Zehn Tage lang wird gefeiert, und die Venezianer präsentieren sich in prachtvollen Kostümen aus dem Spätbarock. Zu den schicken Karnevalskostümen gehört auch die typisch venezianische Maske.

Kulturcheck

Das Fest der Narren wird überall anders gefeiert und trägt viele Namen: Fastnacht, Fasching, Karneval. Wie wird bei dir zu Hause Karneval gefeiert? Tausche dich mit anderen über typische Bräuche und Traditionen zur Karnevalszeit aus, bastelt gemeinsam Masken, oder backt ein typisches Gebäck, das es nur zur Karnevalszeit gibt.

Mauerball

(Pepperches)

- **Herkunft:** Luxemburg
- **Spielerzahl:** 5 bis 10
- **Alter:** ab 8 Jahren
- **Fitness-Stufe:** mittel
- **Wettkampf-Stufe:** niedrig
- **Ort:** jeder Platz mit einer Wand an einem Ende
- **Material:** ein kleiner, weicher Gummiball oder Softball

So geht's:

Bitten Sie einen Spieler, als erster Werfer das Spiel zu eröffnen. Die anderen Spieler stellen sich zwei bis drei Meter von der Wand entfernt in einer Reihe auf. Dann wirft der Werfer den Ball von unten an die Wand, sodass der Ball von der Wand abprallt. Gleichzeitig ruft er den Namen eines Mitspielers. Alle anderen Spieler laufen nun so schnell wie möglich weg. Nur derjenige, der aufgerufen wurde, bleibt stehen und versucht, den Ball zu fangen oder ihn so schnell wie möglich vom Boden aufzuheben. Sobald er den Ball in der Hand hat, ruft der Spieler „Stopp!". Alle anderen Spieler müssen stehen bleiben, strecken die Arme über den Kopf und verschränken ihre Hände ineinander. Der Spieler mit dem Ball darf nun drei Schritte machen und versuchen, den Ball von unten durch die Arme eines Mitspielers zu werfen. Gelingt ihm ein „Treffer", bekommt der Mitspieler einen Strafpunkt. Dieser Spieler darf dann als Nächster den Ball gegen die Wand werfen. Geht der Ball aber daneben, bekommt der Werfer den Strafpunkt und beginnt eine neue Runde, indem er den Ball erneut gegen die Wand wirft. Sieger ist, wer nach Ablauf der Spielzeit die wenigsten Strafpunkte hat.

Variante:

Variieren Sie die Anzahl der Schritte, die mit dem Ball gemacht werden dürfen, je nach Alter und Wurfvermögen der Spieler.

Mauerball

Wusstest du schon,

... dass sie Kinder in Luxemburg von klein auf drei Sprachen lernen? Lëtzebuergesch, Französisch und Deutsch.

Kulturcheck

In Luxemburg ziehen die Kinder am Karfreitag mit Schlehdornsträuchen, die mit bunten Bändern und Papierblumen geschmückt sind, singend und klappernd durch die Straßen. Am Abend werden die Sträußchen verbrannt. Welche Osterbräuche kennt ihr? Vielleicht hat ja der ein oder andere von euch Verwandte im Ausland und kann über die dortigen Osterbräuche berichten? Wenn ihr möchtet, könnt ihr auch einmal Oster-Backrezepte aus anderen Ländern ausprobieren.

Fangspiel

(Goellki)

- **Herkunft:** Russland
- **Spielerzahl:** 11 bis 41 (die Zahl muss ungerade sein)
- **Alter:** ab 8 Jahren
- **Fitness-Stufe:** niedrig
- **Wettkampf-Stufe:** niedrig
- **Ort:** überall
- **Material:** eine Trillerpfeife

So geht's:

Für dieses Spiel brauchen Sie eine ungerade Anzahl an Spielern. Ein Spieler wird als Fänger ausgewählt. Die anderen Spieler stellen sich in einer Reihe gegenüber auf, sodass jeder einen Partner hat. Der Fänger stellt sich ein bis zwei Meter hinter das letzte Zweierteam in der Reihe. Mit dem Startsignal rennt nun das letzte Zweierteam der Reihe – jeder Spieler auf seiner Seite – die Reihe entlang bis zu deren Anfang. Wenn es den Spielern gelingt, dort sicher anzukommen, ohne vom Fänger abgeschlagen zu werden, dürfen sie sich dort wieder einreihen. Der Fänger kehrt dann wieder an seinen Ausgangsplatz am Ende der Reihe zurück. Wird aber einer der beiden Spieler gefangen, ist er der nächste Fänger. Der alte Fänger nimmt dann dessen Platz im Zweierteam ein und stellt sich an den Anfang der Reihe.

Wusstest du schon,

... dass die längste Eisenbahnstrecke der Welt mit 9298 Kilometern quer durch Russland verläuft? Eine Bahnfahrt mit der Transsibirischen Eisenbahn von Moskau nach Wladiwostok dauert etwa 160 Stunden.

Kulturcheck

Auf ihrer Strecke passiert die Transsibirische Eisenbahn verschiedene Landschaften, zahlreiche Flüsse und Städte. Finde heraus, wie die Fahrtstrecke der Transsibirischen Eisenbahn genau verläuft, und verfolge sie anhand eines Atlas.

Fische fangen

(Ribaki)

- **Herkunft:** Russland
- **Spielerzahl:** 5 bis 20
- **Alter:** ab 5 Jahren
- **Fitness-Stufe:** mittel
- **Wettkampf-Stufe:** niedrig
- **Ort:** überall
- **Material:** Paketschnur, aus Tonpapier ausgeschnittene Fische, Filz- oder Wachsmalstifte, Lochzange, Schere, Trillerpfeife, Hütchen oder Kreide

Wusstest du schon,

... dass es in Russland 23 Kultur- und Naturstätten gibt, die zum UNESCO-Welterbe zählen? Die UNESCO ist eine Organisation der Vereinten Nationen für Erziehung, Wissenschaft und Kultur. Ein Ziel der UNESCO ist es, einzigartige Kultur- und Naturgüter der Menschheit zu erhalten.

So geht's:

Jeder Spieler zeichnet auf Tonpapier seinen eigenen Fisch und malt ihn nach seinen Vorstellungen mit Filz- oder Wachsmalstiften an. Anschließend schneiden die Spieler ihren Fisch aus und stanzen mit der Lochzange ein Loch in die Schwanzflosse. Durch dieses Loch wird ein Stück Paketschnur durchgezogen. Das Ende der Paketschnur stecken sich die Spieler hinten in ihren Hosenbund, sodass der Fisch auf dem Boden schleift.

Mit dem Startsignal versuchen alle Spieler, auf die Fische der anderen zu treten, um so möglichst viele Fische zu fangen. Diejenigen Spieler, die ihren Fisch verloren haben, stellen sich an den Rand des Spielfelds. Die Hände dürfen die Spieler ausschließlich zum Aufsammeln der Fische benutzen. Achten Sie auch darauf, das Spielfeld deutlich zu markieren, damit die Spieler nicht zu weit weglaufen können. Gewonnen hat, wer als Erster fünf Fische gefangen hat.

Kulturcheck

Recherchiere im Internet oder in Reiseführern, welche Kultur- und Naturstätten der UNESCO es in Russland gibt. Stelle für ein Reiseunternehmen eine Tour zu den interessantesten Welterbe-Stätten in Russland zusammen. Schreibe kurze Informationstexte zu den einzelnen Sehenswürdigkeiten. Vielleicht findest du auch Bilder, die du dazukleben kannst.

Über-Kreuz-Tauziehen

- **Herkunft:** Russland
- **Spielerzahl:** 40 bis 80
- **Alter:** ab 8 Jahren
- **Fitness-Stufe:** hoch
- **Wettkampf-Stufe:** mittel bis hoch
- **Ort:** jeder große Platz
- **Material:** zwei dicke Seile von je 6 bis 8 Metern Länge, eine Trillerpfeife, vier Hütchen

So geht's:
Die beiden Seile werden über Kreuz gelegt und in der Mitte zu einem X zusammengeknotet. Fixieren Sie die Knotstelle am besten mit Klebeband. Knoten Sie dann in jedes der vier Enden eine Schlinge als Griff. Stellen Sie ein bis zwei Meter von jedem Seilende entfernt ein Hütchen auf. Achten Sie darauf, dass alle vier Hütchen denselben Abstand zum Seilende haben. Teilen Sie die Spieler nun in vier gleich starke Gruppen ein, die dann jeweils eines der vier Seilstücke halten. Der letzte Spieler fasst mit der Hand durch die Schlinge.
Mit dem Startsignal beginnt ein Tauziehen in vier Richtungen. Der Spieler, der die Schlinge hält, versucht, mit der freien Hand das Hütchen seines Teams zu greifen. Sie können auch kleine Fahnen auf die Hütchen hängen, dann sind sie leichter zu greifen. Gewonnen hat das Team, das als Erstes sein Hütchen erreicht hat.

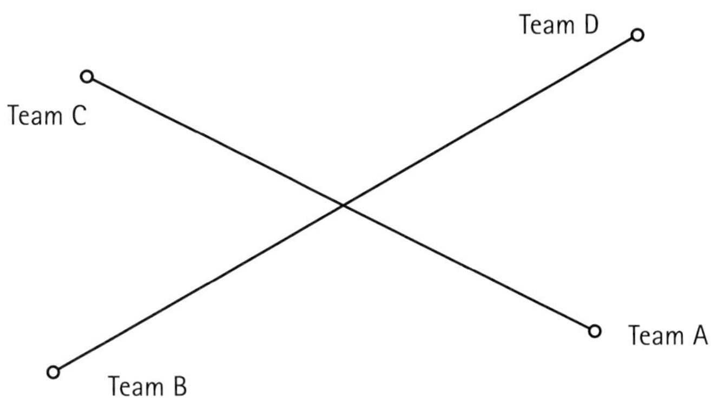

Über-Kreuz-Tauziehen

Wusstest du schon,

... dass sich der russische Komponist Peter Tschaikowsky für sein berühmtes Ballett „Der Nussknacker" von einem deutschen Märchen hat inspirieren lassen?

Kulturcheck

Lest gemeinsam das Märchen „Nussknacker und Mäusekönig" von E.T.A. Hoffmann. Malt oder zeichnet eure Lieblingsfigur aus dem Märchen. Wenn ihr möchtet, könnt ihr euch auch Musikstücke aus dem Nussknackerballett von Tschaikowsky anhören.

Hallihallo!

- **Herkunft:** Schweiz
- **Spielerzahl:** ab 10
- **Alter:** ab 9 Jahren
- **Fitness-Stufe:** niedrig
- **Wettkampf-Stufe:** niedrig
- **Ort:** überall
- **Material:** ein weicher Gummiball oder Reissäckchen

So geht's:

Die Spieler stellen sich in einer Reihe nebeneinander auf. Zwei ausgeloste Werfer stehen sechs bis acht Meter vor der Spielerreihe. Die Werfer einigen sich auf eine Zahl unter 100. Dann wirft einer der beiden dem ersten Mitspieler in der Reihe einen Ball zu und ruft: „Eine Zahl unter 100!" Der angespielte Spieler fängt den Ball und versucht, die Zahl zu erraten. Dann wirft er den Ball wieder zurück. Je nachdem, ob die geratene Zahl zu hoch oder zu niedrig war, ruft einer der Werfer: „Mehr!" oder „Weniger!" und wirft den Ball zum zweiten Spieler in der Reihe, der nun mit dem Raten dran ist. Wenn die abgesprochene Zahl erraten wird, wirft einer der beiden Werfer den Ball in die Luft und ruft: „Hallihallo!" Gleichzeitig läuft der andere Werfer zu einem vorher vereinbarten Zielpunkt (Laternenpfahl, Baum, großer Stein). Der Spieler, der die richtige Zahl erraten hat, muss den Ball auffangen, hinter dem Werfer herlaufen und versuchen, ihn mit dem Ball zu treffen. Gelingt ihm das, bevor der flüchtende Werfer den Zielpunkt erreicht hat, tauschen die beiden ihre Rollen. Kann dagegen der Werfer den Zielpunkt erreichen, ohne getroffen zu werden, setzen die beiden ausgelosten Werfer das Spiel fort. Um zu vermeiden, dass die Werfer ihre zu erratende Zahl mitten im Spiel ändern, lassen sie sich die richtige Antwort am besten zuflüstern.

Wusstest du schon,

... dass in der Schweiz rund 450 verschiedene Käsesorten hergestellt werden?

Kulturcheck

Informiert euch im Internet, wie man Käse herstellt, welche Käsesorten und Traditionen es rund um den Käse in der Schweiz gibt. Sucht im Internet nach einer Anleitung, um selber Käse herzustellen.

Tuch binden

(Jugar al Panuela)

- **Herkunft:** Spanien
- **Spielerzahl:** ab 10
- **Alter:** ab 7 Jahren
- **Fitness-Stufe:** niedrig
- **Wettkampf-Stufe:** mittel
- **Ort:** überall
- **Material:** zwei Tücher

So geht's:

Es werden zwei Teams gebildet, die sich jeweils an den gegenüberliegenden Seiten des Spielfeldes aufstellen. Jeder Spieler erhält eine Nummer. Der Spielleiter steht mit zwei Tüchern in der Mitte des Spielfeldes, die er sich über seine seitlich gestreckten Arme gehängt hat. Der Spielleiter ruft nun laut eine Nummer. Die Spieler aus beiden Teams mit der entsprechenden Nummer rennen los, schnappen sich das von ihnen aus linke Tuch und rennen geradeaus weiter zum gegnerischen Team. Dort hält ein Gegenspieler den Arm nach vorne gestreckt, sodass der Spieler das Tuch mit einem lockeren Knoten festbinden kann. Dann läuft der Spieler so schnell wie möglich zu seinem Team zurück, bindet dort das Tuch der gegnerischen Mannschaft los und rennt damit wieder zur Mitte zurück, um das Tuch wieder am Arm des Spielleiters festzuknoten. Der Spieler, der zuerst wieder bei der eigenen Mannschaft ankommt, hat die Runde für sich entschieden und einen Punkt geholt. Sieger ist die Mannschaft, die am Ende die meisten Punkte hat.

Wusstest du schon,

... dass der Flamenco von den Roma (Zigeuner), die ursprünglich aus Indien kamen, nach Andalusien gebracht wurde? Außerhalb Spaniens bringt man Flamenco vor allem mit Tanz in Verbindung. Für die Spanier selbst ist aber der Gesang das Wichtigste beim Flamenco.

Kulturcheck

In der spanischen Flamencomusik sind Kastagnetten weitverbreitet. Die aus Holz geschnitzten Schalen werden mit den Daumen gegeneinandergeschlagen, sodass ein Klappern entsteht. Kastagnetten kannst du auch selbst herstellen. Du brauchst lediglich zwei Kochlöffel aus Holz, eine Paketschnur, eine Feinsäge, einen Holzbohrer und etwas Schmirgelpapier. Probiere es einfach aus!

Länderball

- **Herkunft:** Tschechien
- **Spielerzahl:** 6 bis 15
- **Alter:** ab 10 Jahren
- **Fitness-Stufe:** mittel
- **Wettkampf-Stufe:** niedrig
- **Ort:** Schulhof oder Sporthalle
- **Material:** ein Softball

So geht's:

Spanien, Mexiko, Indien ... Jeder Spieler darf sich ein Land aussuchen. Der jüngste Spieler beginnt, wirft den Ball, so hoch er kann, in die Luft und ruft dabei einen der Ländernamen. Während alle anderen Spieler so weit es geht wegrennen, versucht derjenige, dessen Land gerufen wurde, den Ball zu fangen. Schafft er es nicht, den Ball direkt zu fangen, ist dieser Spieler als Nächstes mit Hochwerfen und Ländernamen rufen an der Reihe. Schafft der Spieler es aber, den Ball zu fangen, ruft er „Stopp", und alle anderen Spieler müssen stehen bleiben. Nun versucht er, jemanden mit dem Ball abzuwerfen. Gelingt es, ist der Abgeworfene mit Hochwerfen dran. Gelingt es nicht, muss der Spieler den Ball wieder hochwerfen und einen neuen Ländernamen rufen.

Variante:

Begrenzen Sie die Auswahlmöglichkeiten der Länder auf Gebiete, die die Kinder oder Jugendlichen gerade in Erdkunde durchnehmen.

Wusstest du schon,

... dass Ottfried Preußler, ein deutscher Kinderbuchautor, seine Kindheit und Jugend in Tschechien verbrachte? So ist es nicht verwunderlich, dass er einer Räuberfigur in seinen Kinderbüchern den Namen eines kleinen Ortes im Nordosten der Tschechischen Republik gab: Hotzenplotz!

Kulturcheck

Otfried Preußlers bekannteste Kinderbücher sind „Der kleine Wassermann", „Die kleine Hexe", „Der Räuber Hotzenplotz", „Das kleine Gespenst" und „Krabat". Versucht, einen Ausschnitt aus einem dieser Bücher als kleines Theaterstück einzustudieren. Spielt das Theaterstück euren Mitschülern und Eltern vor, und nehmt es als Video auf.

Nordamerika

Lacrosse

- **Herkunft:** Kanada
- **Spielerzahl:** 24
- **Alter:** ab 10 Jahren
- **Fitness-Stufe:** hoch
- **Wettkampf-Stufe:** hoch
- **Ort:** großer Rasenplatz
- **Material:** ein Küchensieb mit Stiel aus Plastik oder Metall für jeden Spieler, ein Tischtennisball, 4 zwei Meter lange Stäbe, Seil oder Absperrband

So geht's:

Lacrosse ist ein Spiel, das von den Indianern der Ostküste und der großen Seen auf den Gebieten des heutigen Kanadas und der USA stammt. Sie nannten es „Baggataway", was übersetzt „kleiner Bruder des Krieges" heißt. Gespielt wird auf einem fußballfeldgroßen Rasenplatz mit zwei Toren auf jeder Seite. Stecken Sie für die Tore zwei Stäbe im Abstand von etwa zwei Metern auf jeder kurzen Spielfeldseite in die Erde. Verbinden Sie die Stäbe am oberen Ende mit einem Seil oder Absperrband miteinander. Nun spielen zwei Mannschaften mit jeweils elf Feldspielern und einem Torwart gegeneinander. Durch Münzwurf wird entschieden, welches Team in Ballbesitz ist. Ziel ist es, auf dem Rasenplatz den Ball in das gegnerische Tor zu schleudern. Dazu nehmen die Spieler Küchensiebe als Schläger. Mit ihnen dürfen sie den Ball aufheben, werfen und fangen. Körperkontakt ist dabei nicht erlaubt! Nach einem verfehlten Torschuss erhält die gegnerische Mannschaft den Ball. Die Mannschaft, die nach Ablauf der Spielzeit (25 Minuten) die meisten Tore erzielt hat, gewinnt.

Wusstest du schon,

... dass die englische Königin das Staatsoberhaupt von Kanada ist? Kanada war früher britische Kolonie und gehört jetzt zum Commonwealth of Nations.

Kulturcheck

Das Commonwealth of Nations ist ein freiwilliger Zusammenschluss von unabhängigen, souveränen Staaten, der hauptsächlich aus Großbritannien und seinen ehemaligen Kolonien besteht. Finde heraus, welche Länder dem Commonwealth of Nations angehören, und male sie in einer Weltkarte farbig an.

Murmel-Dreieck-Spiel

(La Troya)

- **Herkunft:** Mexiko
- **Spielerzahl:** ab 3
- **Alter:** ab 7 Jahren
- **Fitness-Stufe:** niedrig
- **Wettkampf-Stufe:** niedrig
- **Ort:** überall
- **Material:** Murmeln, Kreide

So geht's:

Zeichnen Sie ein Dreieck mit etwa 30 Zentimetern Seitenlänge auf den Boden und ziehen Sie drei bis fünf Meter entfernt davon eine Wurflinie. Danach legt jeder Spieler drei bis fünf Murmeln als Einsatz in die Mitte des Dreiecks.

Nachdem Sie die Reihenfolge festgelegt haben, zielen die Spieler per Daumenschuss nacheinander mit einer Murmel auf die Murmeln im Dreieck. Alle Murmeln, die aus dem Dreieck herausgeschossen werden, gehören dem Schützen. Seine Wurfmurmel lässt er immer dort liegen, wo sie nach dem Wurf gelandet ist. Von dort aus setzt er das Spiel fort, wenn er wieder an der Reihe ist. Bleibt seine Wurfmurmel aber innerhalb des Dreiecks liegen, hat er sie verloren, und sie darf von den anderen Spielern aus dem Dreieck geschossen werden. Der Spieler muss dann in der nächsten Runde mit einer neuen Murmel von der Wurflinie neu beginnen. Das Spiel geht so lange weiter, bis das Dreieck leer geräumt ist. Gewonnen hat der Spieler, der die meisten Murmeln sammeln konnte.

Wusstest du schon,

... dass die Mexikaner zum Frühstück am liebsten Mais-Tortillas mit Rührei, Tomaten oder Bohnenpüree essen?

Kulturcheck

Wie frühstücken Menschen aus anderen Ländern der Welt? Recherchiere im Internet, oder befrage Kinder und Jugendliche in deiner Schule oder Stadt, deren Eltern in anderen Ländern aufgewachsen sind. Bereitet gemeinsam ein internationales Frühstücksbüffet vor, zu dem ihr Eltern und Freunde einladet.

Triff das Tor!

(Pok ta Pok)

- **Herkunft:** Mexiko (Maya)
- **Spielerzahl:** ab 6
- **Alter:** ab 12 Jahren
- **Fitness-Stufe:** hoch
- **Wettkampf-Stufe:** hoch
- **Ort:** Spielplatz, große Wiese oder Garten
- **Material:** ein aufblasbarer Wasserball, ein Hula-Hoop-Reifen

Wusstest du schon,

... dass sich die Kinder in Mexiko keinen Geburtstag ohne Piñata vorstellen können? Piñatas sind bunt bemalte Pappmascheefiguren, die mit Früchten und Süßigkeiten gefüllt werden.

So geht's:

Fußball, Basketball, Tennis ... Ballspiele sind heute auf der ganzen Welt beliebt. Genau wie vor 1500 Jahren bei den Maya. Doch die spielten das Ballspiel „Pok ta Pok" nicht zum Spaß, sondern zu Ehren der Götter. Gespielt wurde in der Regel auf einem rechteckigen Platz. Auf zwei gegenüberliegenden Seiten des Spielfeldes stand eine Mauer, an der jeweils ein steinerner Ring in etwa sechs Meter Höhe befestigt war. Ziel des Spiels war es, einen Kautschukball durch den gegnerischen Ring zu befördern.

Befestigen Sie einen Hula-Hoop-Reifen, der als Tor dient, etwa auf Schulterhöhe an einem Klettergerüst, einer Schaukel oder einem Baum. Nun werden zwei Mannschaften gebildet, die gegeneinander antreten. Alle Spieler dürfen den Ball nur mit der Hüfte, den Schultern und den Ellbogen, nicht aber mit Händen und Füßen spielen, um ihn so durch den Reifen zu befördern. Dabei darf der Ball nie den Boden berühren, sondern muss immer in der Luft gehalten werden. Ist ein Tor gefallen oder kommt der Ball auf dem Boden auf, erhält die gegnerische Mannschaft den Ball. Anstoß ist immer sieben Meter vom Tor entfernt. Die Mannschaft, die nach Ablauf der Spielzeit die meisten Tore erzielt hat, gewinnt.

Kulturcheck

Bastelt selbst eine mexikanische Piñata für die nächste Geburtstagsparty. Die Piñata wird mit einem Seil an die Decke gehängt. Die Gäste bekommen die Augen verbunden und versuchen nacheinander, die Piñata mit einem Stock zu zerschlagen, sodass die süßen Dinge herauspurzeln. Sobald der Inhalt auf den Boden regnet, dürfen alle so viel aufsammeln, wie sie können.

Bitte lächeln!

(Hagoo)

- **Herkunft:** USA (Alaska)
- **Spielerzahl:** ab 20
- **Alter:** ab 9 Jahren
- **Fitness-Stufe:** niedrig
- **Wettkampf-Stufe:** niedrig
- **Ort:** überall
- **Material:** keines erforderlich

So geht's:
In der Sprache der Tinglit-Indianer, der Ureinwohner Alaskas und Erfinder dieses Spiels, bedeutet Hagoo „Komm her!" Mit diesem Ruf forderten sie jemand auf, mit versteinerter Miene durch eine Gasse scherzender und Grimassen schneidender Mitspieler zu gehen, ohne dabei das geringste Lächeln zu zeigen.

Teilen Sie die Spieler in zwei Mannschaften auf. Beide Teams stellen sich in zwei Reihen einander gegenüber auf, sodass eine Gasse entsteht. Dann stellt sich je ein Spieler von jeder Mannschaft an den beiden Enden der Gasse auf. Alle Spieler rufen laut Hagoo (gesprochen Haguh) und los geht's.

Die beiden Spieler gehen langsam und mit ernstem Gesicht aufeinander zu und aneinander vorbei zum anderen Ende der Gasse. Währenddessen versuchen die Mitspieler, den Spieler der jeweils gegnerischen Mannschaft durch allerlei Grimassen und Faxen zum Lachen zu bringen. Anfassen ist aber nicht erlaubt! Schafft es ein Spieler, ohne ein Schmunzeln durch die Gasse zu kommen, so darf er sich am anderen Ende wieder bei seinem Team einreihen. Kann ein Spieler den Faxen und Verrenkungen nicht standhalten und muss lächeln oder prustet laut los, muss er sich als „Gefangener" beim gegnerischen Team einreihen. Das Spiel ist beendet, wenn alle Spieler einmal die Gasse passiert haben - dann entscheidet die Zahl der Gefangenen über Sieg oder Niederlage - oder wenn eine Mannschaft alle Mitspieler der anderen Mannschaft gefangen hat.

Bitte lächeln!

Wusstest du schon,

... dass – so wie in Europa – alte, eingesessene Clans der Indianer Wappen als Familienzeichen haben? Das „Wappen" der Indianer waren ihre Totempfähle, die vor den Häusern aufgestellt wurden. Diese Pfosten erinnerten an wichtige Ereignisse in der Geschichte eines Clans, also einer Familie. Sie stellten auch Tiere dar, zu der sich diese Familie zugehörig fühlte oder sie beschützen sollten. So zum Beispiel Dachse, Wale, Biber oder die doppelköpfige Schlange Sisitul. Diese Tiere galten als Urahnen der Menschen.

Kulturcheck

Zeichnet einen Totempfahl als „Wappen" für die eigene Familie, und gestaltet mit euren Entwürfen eine kleine Ausstellung.

Maika-Stein

- **Herkunft:** USA (Hawaii)
- **Spielerzahl:** 2 bis 6
- **Alter:** ab 12 Jahren
- **Fitness-Stufe:** mittel
- **Wettkampf-Stufe:** mittel
- **Ort:** großer, freier Platz im Freien
- **Material:** eine runde Holzscheibe mit ungefähr 15 Zentimetern Durchmesser für jeden Spieler, zwei Hütchen oder Stöcke, um das Tor zu markieren

So geht's:

Beim Makahiki-Fest (Erntefest) der Ureinwohner Hawaiis war das Werfen des Maika-Steins ein beliebter Profisport. Gute Spieler schafften es, den Stein – der oftmals aus Lava bestand – durch ein 25 bis 35 Meter entferntes Tor rollen zu lassen. Manchen gelang es sogar, den Stein 100 Meter weit rollen zu lassen.

Spielen Sie auf Rasen, so stecken Sie zwei dickere Stöcke im Abstand von 15 bis 30 Zentimeter in den Boden, um das Tor zu markieren. Falls Sie auf Pflaster oder ähnlich hartem Gelände spielen, stellen Sie stattdessen zwei Hütchen auf. Nun lassen die Spieler den Maika-Stein (Holzscheibe) abwechselnd von einer sechs bis acht Meter entfernten Startlinie durch das Tor rollen. Gelingt dies einem Spieler, so erhält er drei Punkte. Erreicht kein Stein das Ziel, so bekommt der Spieler, dessen Stein am nächsten zum Tor liegen bleibt, einen Punkt. Gewinner ist derjenige, der als Erster zwölf oder 21 Punkte sammeln konnte.

Varianten:

1. Sie können die Spieler auch in Mannschaften gegeneinander antreten lassen, sodass jeder einzelne Spieler Punkte für seine Mannschaft holen kann.
2. Stimmen Sie die Entfernung der Startlinie vom Tor auf jeden Fall auf das Alter und die Fähigkeiten Ihrer Spieler ab.

Maika-Stein

Wusstest du schon,

... dass man sich in Hawaii mit „Aloha" begrüßt? Gäste erhalten zur Begrüßung einen „Lei" umgehängt. Leis sind die traditionellen Blumenkränze, die die Hawaiianer zu besonderen Anlässen verschenken.

Kulturcheck

Jedes Land hat seine eigenen Umgangsformen bei der Begrüßung. Wie begrüßt man sich zum Beispiel in Deutschland, und wie ist das in Japan oder Indien? Recherchiere und demonstriere gemeinsam mit einem Partner, wie sich Menschen in anderen Ländern begrüßen.

Pflaumenkernspiel

- **Herkunft:** USA (Irokesen)
- **Spielerzahl:** ab 5
- **Alter:** ab 10 Jahren
- **Fitness-Stufe:** niedrig
- **Wettkampf-Stufe:** niedrig
- **Ort:** überall
- **Material:** vier, sechs oder acht Pflaumen- oder Aprikosenkerne, die auf einer Seite bemalt sind, eine Holzschale, Süßigkeiten als Spieleinsatz

So geht's:
Vor allem bei den Irokesen, aber auch bei den Sioux war dieses Würfelspiel sehr beliebt. Die Sioux nannten es „Spiel mit dem Korb". Es war eine Art Glücksspiel, bei dem es oft um hohe Einsätze ging.
Die Spieler sitzen im Kreis zusammen. Süßigkeiten liegen als Spieleinsätze in der Mitte des Kreises. Nun beginnt der erste Spieler, indem er die Schale mit den Kernen kurz hochschwenkt, sodass die Kerne nach oben fliegen und in die Schale zurückfallen. Fängt ein Spieler die Kerne nicht auf, geht er „leer" aus und der nächste ist an der Reihe. Der Spieler, bei dem die meisten Kerne mit der bemalten Seite nach oben liegen, gewinnt und darf sich eine Süßigkeit aus dem Kreis nehmen.

Variante:
Spielen nach einem Punktesystem: Für jeden bemalten Kern, der nach oben liegt, gibt es zum Beispiel einen Punkt, wenn alle nicht bemalten Steinen nach oben liegen, gibt es einen Punkt usw.

Wusstest du schon,

... dass die Indianer früher nicht wegen ihrer Hautfarbe „Rothäute" genannt wurden? Der Name „Rothaut" entstand dadurch, dass es bei vielen Indianerstämmen Sitte war, sich im Krieg sowohl das Gesicht als auch den Körper rot zu bemalen.

Kulturcheck

Viele denken bei dem Wort „Indianer" an einen Häuptling mit einem mächtigen Federbusch auf dem Kopf. Bei den Sioux zum Beispiel, durfte man Federn aber nur als Auszeichnung für mutige Taten auf dem Kopf tragen. Bastelt euch selbst einen indianischen Kopfschmuck mit Federn. Für den Federschmuck brauchst du Wellpappe für das Stirnband, Klebstoff oder Nadel und Faden, Wasserfarbe und Pinsel zum Verzieren und natürlich mehrere Federn.

Treffball

(Dodge Ball)

- **Herkunft:** USA (Pueblo-Indianer)
- **Spielerzahl:** 10 bis 30
- **Alter:** ab 9 Jahren
- **Fitness-Stufe:** mittel
- **Wettkampf-Stufe:** mittel
- **Ort:** Sporthalle oder draußen
- **Material:** ein Softball

So geht's:

Dodge kann „ausweichen", „sich seitwärts bewegen" heißen – und darum geht es in diesem Spiel der Pueblo-Indianer. Teilen Sie die Spieler in zwei gleich starke Mannschaften auf. Beide Teams stellen sich in zwei parallelen Reihen auf. Der Abstand zwischen ihnen beträgt etwa drei bis fünf Meter. Der erste Spieler der Mannschaft A tritt einen Schritt vor. Der ihm gegenüberstehende Spieler der Mannschaft B wirft den Ball und versucht, den Spieler der Mannschaft A abzutreffen. Dieser darf sich bücken oder zur Seite drehen, um dem Ball auszuweichen – allerdings ohne die Füße zu bewegen. Wird der Spieler der Mannschaft A vom Ball des Gegenspielers getroffen oder verändert er seine Fußposition, dann muss er zur gegnerischen Mannschaft überwechseln. Wird er nicht getroffen, muss der Werfer die Mannschaft wechseln. Nach dem ersten Wurf tritt der zweite Spieler der Mannschaft A einen Schritt vor. Der ihm gegenüberstehende Spieler der Mannschaft B wirft. So geht es weiter, bis alle Spieler der Mannschaft B geworfen haben. Dann wechseln die Rollen, und Mannschaft A ist mit dem Werfen an der Reihe. Anschließend wird nachgezählt, denn bei diesem Spiel sind die Sieger immer in der Mehrzahl: Die Mannschaft, die am Ende die meisten Spieler hat, gewinnt.

Wusstest du schon,

... dass die Pueblo-Indianer viele religiöse Zeremonien durchgeführt haben, die für Ordnung und Harmonie im Universum sorgen sollten? Sie glaubten, solange Harmonie und Ordnung im Gleichgewicht seien, hätten sie in den nächsten Monaten genug Regen und Nahrung.

Kulturcheck

Finde heraus, wie die Pueblo-Indianer gewohnt haben, und zeichne oder bastle ein Modell einer Pueblo-Stadt. Wie unterschieden sich ihre Häuser von denen vieler anderer Stämme?

Ballweitwurf

- **Herkunft:** USA (Pueblo-Indianer)
- **Spielerzahl:** ab 6
- **Alter:** ab 12 Jahren
- **Fitness-Stufe:** hoch
- **Wettkampf-Stufe:** hoch
- **Ort:** großes Innen- oder Außengelände
- **Material:** ein kleines Reis- oder Bohnensäckchen für jeden Spieler, Paketschnur, zwei Hütchen

So geht's:
Dieses Spiel wurde bei Festen gespielt, wenn verschiedene Stämme oder Clans sich trafen. Die Indianer schlugen Pfähle in den Boden, die eine Art Tor wie beim Fußball bildeten. Der Ball, den die Zuñi (ein Stamm der Pueblo-Indianer) benutzten, war ursprünglich aus Kaninchenleder, das mit Haaren gefüllt und mit Rohlederschnüren zusammengehalten wurde. Auch die Schnur bestand aus Leder oder geflochtenen Fasern. Um ihre Bälle unterscheiden zu können, markierten die Spieler sie mit verschiedenen Farben oder Zeichnungen.
Markieren Sie mit zwei Hütchen ein Tor, das ungefähr 40 Meter von der Startlinie entfernt ist. Bis zu sechs Spieler legen sich mit dem Kopf in Richtung Tor auf den Rücken an die Startlinie. Jeder Spieler hängt sich ein kleines Bohnensäckchen, an das eine Schnur mit einer Schlaufe befestigt ist, an die Zehen oder Schuhspitze seines Fußes. Auf das Startsignal hin schwingen alle den Fuß nach oben und schleudern so das Bohnensäcken in Richtung Tor. Sobald ihr Säckchen in der Luft ist, springen die Spieler auf und laufen dorthin, wo es landet. An dieser Stelle legen sie sich wieder auf den Boden und schleudern ihr Bohnensäckchen sofort weiter in Richtung Tor. Insgesamt haben die Spieler drei Versuche, ihr Bohnensäckchen ins Tor zu befördern. Schießt ein Spieler am Tor vorbei, muss er das Bohnenäckchen wieder einsammeln und sich zu demjenigen Spieler gesellen, der am weitesten vom Tor entfernt ist, und von dort aus wieder anfangen. Es gewinnt der Spieler, dessen Ball als Erstes im Tor landet oder dessen Ball nach drei Versuchen am nächsten zum Tor liegt.

Variante:
Veranstalten Sie ein kleines Ballweitwurf-Turnier mit mehreren Mannschaften. Immer ein Spieler aus jeder Mannschaft tritt dabei gegen Spieler aus anderen Mannschaften an, um Punkte für seine Mannschaft zu sammeln. Landet ein Bohnensäckchen im Tor, gibt es zum Beispiel zehn Punkte. Für alle weiteren Bohnensäckchen gibt es - je nach Entfernung zum Tor - ebenfalls Punkte. Die Mannschaft, die am Ende die meisten Punkte hat, gewinnt.

Ballweitwurf

Wusstest du schon,

... dass Mais das traditionelle Grundnahrungsmittel der Zuñi-Indianer ist? Fast jede Familie hat auch heute noch ein eigenes Maisfeld, selbst wenn dieses nur aus wenigen Maispflanzen besteht.

Kulturcheck

Probiert doch einmal ein Pfannen-Maisbrot nach Art der Zuñi-Indianer aus. Rezepte dazu findet ihr im Internet.

Knochenspiel

(Hands and Bones)

- **Herkunft:** USA (Blackfoot-Indianer)
- **Spielerzahl:** 2 bis 12
- **Alter:** ab 8 Jahren
- **Fitness-Stufe:** niedrig
- **Wettkampf-Stufe:** niedrig
- **Ort:** überall
- **Material:** zwei Stöcke von 15 Zentimetern Länge, schwarze Lackfarbe, ein Pinsel

So geht's:

Die Kinder der Blackfoot-Indianer spielten Hands and Bones ursprünglich mit den Unterschenkelknochen von Tieren, die bei der Jagd erlegt wurden. Um einen der beiden Knochen malten sie mit natürlich gewonnener Farbe einen schwarzen Ring. Teilen Sie die Spieler in zwei Mannschaften auf. Die Spieler setzen sich in zwei Reihen parallel gegenüber auf den Boden. Der erste Spieler in der Reihe der Mannschaft A bekommt zwei Stöcke, von denen einer mit einem schwarzen Ring markiert ist. Den Stock mit dem Ring hält er so, dass ihn die Spieler der Mannschaft B nicht sehen können. Der Spieler wechselt nun die beiden Stöcke vor und hinter dem Rücken von der einen in die andere Hand während er dabei seinen Oberkörper hin und her bewegt, um die Spieler der Mannschaft B durcheinanderzubringen. Wenn er glaubt, genug Verwirrung gestiftet zu haben, stoppt er mit dem Vertauschen der Stöcke. Nun muss der ihm gegenüber sitzende Spieler der Mannschaft B erraten, in welcher Hand sich der der Stock mit dem schwarzen Ring befindet. Liegt der Gegenspieler falsch, bekommt Mannschaft A einen Punkt und die Stöcke wandern zum zweiten Spieler in der Reihe. Tippt der Gegner richtig, geht der Punkt an Mannschaft B, die dann als Nächstes mit dem Stöckevertauschen an der Reihe ist. Die Mannschaft, die als Erstes zehn Punkte erreicht, gewinnt.

Wusstest du schon,

... dass Prärie-Indianer wie die Blackfoots aus einem Bison fast alles herstellen konnten, was sie im alltäglichen Leben brauchten: Werkzeug, Kleidung und sogar Haushaltsgegenstände? Ein Bison war für sie ungefähr das, was für uns der Supermarkt ist.

Kulturcheck

Finde heraus, was die Indianer alles aus den Körperteilen eines Bisons herstellen konnten. Fertigt hierfür ein Plakat an, das zeigt, was genau von einem Bison verwertet wurde und was daraus hergestellt wurde.

Stöcke stehlen

(Stealing Sticks)

- **Herkunft:** USA (Choctaw-Indianer)
- **Spielerzahl:** 4 bis 7
- **Alter:** ab 6 Jahren
- **Fitness-Stufe:** mittel
- **Wettkampf-Stufe:** mittel
- **Ort:** überall
- **Material:** sechs Stöcke von etwa 50 Zentimetern Länge, Kreide oder Hütchen, Trillerpfeife

So geht's:

Zeichnen Sie auf den Boden ein Quadrat, dessen Seiten vier Meter lang sind. Ein Spieler, der Wächter, steht mit verbundenen Augen im Zentrum und bewacht sechs Stöcke. Die Stöcke liegen kreisförmig in gleichem Abstand um den Wächter auf dem Boden. Drei bis sechs Herausforderer stehen um das Quadrat herum. Auf das Startsignal hin versuchen die Spieler, die Stöcke in ihren Besitz zu bringen. Jeder Spieler darf sich immer nur einen Stock aus dem Quadrat schnappen. Wer dabei vom Wächter abgeschlagen wird, scheidet aus. Ein Spieler, der einen Stock erbeutet hat, ist erst dann sicher, wenn er das Quadrat wieder verlassen hat. Bei diesem Spiel kommt es nicht darauf an, schnell ins Quadrat zu rennen, um einen Stock zu ergattern, sondern durch Ablenkungsmanöver an die Stöcke zu kommen.

Wusstest du schon,

... dass es bei den Indianern Brauch ist, über die Betten ihrer Kinder so genannte „Traumfänger" zu hängen? Nach einer Sage fängt der Traumfänger alle bösen Träume ein. Nur die guten Träume fallen sanft auf den Schlafenden herab. Die schlechten Träume werden im Netz des Traumfängers gefangen und dort festgehalten. Erst am Morgen werden sie von den ersten Strahlen der Sonne aufgelöst.

Kulturcheck

Bastelt euch euren eigenen Traumfänger für schöne Träume. Alles, was ihr dafür braucht, ist ein Holzreifen, eine Nadel, Schleifenband zum Umwickeln des Reifens, Bindfäden, um die Netze zu spannen, sowie Glöckchen, Perlen oder Federn zur Verzierung.

Mokassinspiel

- **Herkunft:** USA (Ojibwa-Indianer)
- **Spielerzahl:** 12 bis 28
- **Alter:** ab 7 Jahren
- **Fitness-Stufe:** niedrig
- **Wettkampf-Stufe:** niedrig
- **Ort:** überall
- **Material:** Schuhe, ein kleiner Stein, eine Münze

So geht's:
Die Spieler bilden zwei Mannschaften und setzen sich in zwei Reihen gegenüber. Jeder Mitspieler stellt ein Paar Schuhe (oder Pantoffeln) vor sich auf den Boden. Durch Münzwurf wird entschieden, welches Team beginnt. Dieses Team lässt nun den Stein hinter dem Rücken unauffällig von Hand zu Hand wandern. Auf ein Zeichen des Spielleiters hin, strecken die Spieler die Arme nach vorn über die Schuhe. Derjenige, der den Stein in der Hand hat, lässt ihn möglichst unauffällig in den Schuh vor sich verschwinden. Das gegnerische Team bestimmt nun unter sich einen Spieler, der erraten muss, in welchem Schuh der Stein sich befindet.
Hat der Spieler richtig geraten, bekommt seine Mannschaft einen Punkt.
Dann geht es andersherum.
Die Mannschaft, die als Erstes zehn Punkte hat, gewinnt das Ratespiel.

Wusstest du schon,
... dass es über hundert indianische Sprachen gibt, die alle so unterschiedlich sind wie zum Beispiel Deutsch und Chinesisch? Deshalb haben die Indianer eine Zeichensprache mit einfachen Handzeichen erfunden. So konnten sich auch verschiedene Indianerstämme untereinander verständigen, obwohl sie eine fremde Sprache sprachen.

Kulturcheck

Sucht in Indianerbüchern oder im Internet nach Beispielen für die Zeichensprache der Indianer, und erfindet eigene Handzeichen. Bildet Gruppen mit zwei bis vier Mitgliedern. Versucht, einer anderen Gruppe mit Handzeichen etwas mitzuteilen.

Kronkorkenspiel

(Skelly)

- **Herkunft:** USA
- **Spielerzahl:** 2 bis 6
- **Alter:** ab 6 Jahren
- **Fitness-Stufe:** niedrig
- **Wettkampf-Stufe:** hoch
- **Ort:** asphaltierter Platz
- **Material:** ein Kronkorken für jeden Spieler, Kreide

So geht's:

Skelly spielen die Kinder auf den Straßen New Yorks. Sie spielen es mit Kronkorken. Mit Kreide malen Sie diesen Spielplan aufs Pflaster.

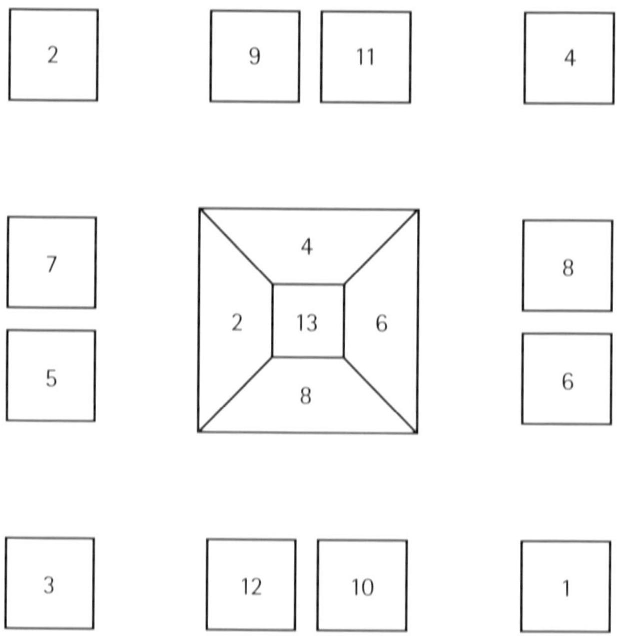

Jeder Spieler versucht, seinen Kronkorken über alle Zahlfelder von der 1 bis zur 13 und wieder zurück zu schnippen. Trifft der Spieler unterwegs auf das richtige Zahlenfeld, darf er so lange weiterspielen, bis er ein Feld verfehlt. Schießt er unterwegs den Kronkorken eines Mitspielers aus einem Zahlenfeld, so darf der Spieler seinen Kronkorken direkt in das Feld legen, das er ursprünglich anspielen wollte, und von dort aus weiterschießen. Die vier Felder rund um die 13 heißen „Skells". Bleibt der Kornkorken eines Spielers auf einem Skell liegen, muss er so lange aussetzen, bis ihm ein Mitspieler zur Hilfe kommt. Der helfende Spieler schnippt mit seinem Kronkorken den

Fremden aus dem Skell. Als Belohnung darf er so viele Zahlfelder überspringen, wie die Ziffer im Skell zeigt. Erreicht ein Spieler mit seinem Kronkorken wieder die 1, wird er zum „Schrotthändler". Ein Schrotthändler zielt nur noch auf fremde Kronkorken. Er darf seinen Kronkorken in jedes beliebige Feld – auch den Skells - legen und von dort aus schießen. Trifft er, darf er noch mal schnippen. Jeder Kronkorken eines Spielers, der dreimal hintereinander von einem Schrotthändler getroffen wurde, scheidet aus. Der Spieler, der als Letztes übrig bleibt, ist der Sieger.

Varianten:

1. Wenn ein Spieler den Kronkorken eines Schrotthändlers trifft, wird er sofort selbst zu einem.
2. Ein Schrotthändler muss den Kronkorken eines anderen Schrotthändlers nur einmal treffen, um ihn aus dem Spiel zu werfen.

Wusstest du schon,

... dass es in den USA einen Ort Namens Heidelberg gibt? Auch Karlsruhe und New-Ulm kannst du auf der Karte finden. Vielleicht ist auch der Name deiner Stadt dabei!

Kulturcheck

Amerika ist ein klassisches Einwanderungsland. Seit 1980 wanderten jährlich etwa 530 000 Menschen ins Land ein. Kennt ihr jemanden, der Verwandte oder Bekannte hat, die selbst oder deren Vorfahren nach Amerika ausgewandert sind? Dann vereinbart mit ihnen einen Termin für ein Gespräch. Denkt euch vor dem Interview Fragen aus, denn im Gespräch vergisst man leider manches. Notiert eure Fragen auf einem Interviewbogen, und lasst jeweils genügend Platz, wo ihr dann die Antworten eintragen könnt.

Ran an den Speck!

(Steal the Bacon)

- **Herkunft:** USA
- **Spielerzahl:** 20 bis 30
- **Alter:** ab 7 Jahren
- **Fitness-Stufe:** niedrig
- **Wettkampf-Stufe:** niedrig
- **Ort:** Sporthalle oder draußen
- **Material:** eine Jonglierkeule oder ein Plastikkegel

So geht's:

Teilen Sie die Spieler in zwei Mannschaften auf. Diese stellen sich in zwei Reihen im Abstand von sechs bis neun Metern einander gegenüber. Zählen Sie die Reihen durch, sodass sich Spieler mit der gleichen Nummer gegenüberstehen. Stellen Sie in der Mitte zwischen den beiden Reihen einen Kegel auf. Nun rufen Sie eine Nummer auf, und die beiden betreffenden Spieler laufen schnell in die Mitte und versuchen, den Kegel zu ergreifen und damit in ihre Reihe zurückzukehren, ohne vom Gegner gefangen zu werden. Wer das schafft, bekommt für seine Mannschaft einen Punkt. Dann wird der Kegel wieder in der Mitte aufgestellt und eine neue Nummer ausgerufen. Manchmal zögern die Spieler in der Mitte und umkreisen den Kegel, anstatt ihn sich so schnell wie möglich zu schnappen. In diesem Fall können Sie ein wenig Leben ins Spiel bringen und die nächste Nummer aufrufen. Die Mannschaft, die nach Ablauf der Spielzeit die meisten Punkte sammeln konnte, hat gewonnen.

Variante:

Anstatt Nummern können Sie auch einfache Matheaufgaben stellen, die von den Spielern gelöst werden müssen. Es laufen immer diejenigen zum Kegel, deren Nummer die Lösung der Aufgabe ist.

Wusstest du schon,

... dass in Amerika Kinder in der Nacht vom 31. Oktober auf den 1. November in gruseligen Verkleidungen die Nachbarschaft unsicher machen und mit dem Schlachtruf „Trick or Treat" („Streich oder Leckerei") um Süßigkeiten bitten? Es wird Halloween gefeiert, die Nacht der Geister und Gespenster. Halloween ist ein sehr altes Fest. Der Brauch entstand vor ungefähr 500 Jahren in Irland und wurde im 19. Jahrhundert von irischen Einwanderern nach Amerika gebracht.

Ran an den Speck!

Kulturcheck

Plant gemeinsam eine Halloween-Party mit Gruselrezepten und schauriger Deko. Überlegt, in welcher Verkleidung ihr Halloween feiern möchtet, und stellt die Kostüme selbst zusammen. Ihr könnt auch „Gruselgeräusche" sammeln und sie für die Halloween-Party aufnehmen: klirrendes Glas, Schritte auf knarrendem Holzboden, knisternde Folie, Klopfgeräusche ...

Mittel- und Südamerika

Ball in der Luft

(Balon en el aire)

- **Herkunft:** Argentinien
- **Spielerzahl:** 30 bis 40
- **Alter:** ab 10 Jahren
- **Fitness-Stufe:** hoch
- **Wettkampf-Stufe:** niedrig
- **Ort:** Rasenplatz oder Sporthalle
- **Material: ein** (Volley-)Ball, Hütchen zum Markieren des Spielfelds, Trillerpfeife, Papier und Stift

So geht's:

Markieren Sie auf einer etwa 25 x 25 Meter großen Fläche ein Spielfeld, wie es auf der Abbildung zu sehen ist:

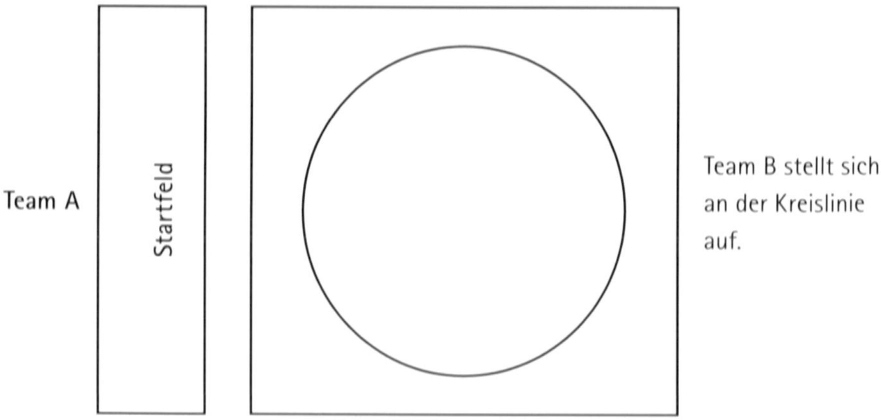

Teilen Sie die Spieler in zwei Mannschaften ein: Team A und Team B. Der Ball wird am Anfang jeder Runde in die Mitte des Kreises im Bereich von Team B gelegt. Auf das Startsignal hin umrunden die Spieler von Team A gemeinsam hintereinander das markierte Spielfeld, um sich anschließend wieder in ihrem Startfeld aufzustellen. Während Team A um das Spielfeld rennt, läuft ein Spieler von Team B in die Mitte des Kreises, holt den Ball, der dann von hinten über den Kopf mit beiden Händen von Spieler zu Spieler weitergereicht wird. Sobald Team A wieder geschlossen in seinem Startfeld angekommen ist, rufen die Spieler „Parar!", das spanische Wort für „Stopp". Auf dieses Signal hin muss Team B aufhören, den Ball weiterzugeben. Der Spielleiter zählt nun, wie oft der Ball von Spieler zu Spieler weitergegeben worden ist, und notiert die Zahl. Dann wechseln die Teams die Rollen, entweder nach jeder Runde oder nach einer vorher festgelegten Anzahl von Runden. Das Team, das am Ende die meisten Punkte hat, gewinnt.

Varianten:

1. Team B stellt sich mit dem Rücken zum Kreis auf. Der Ball muss dann seitlich über den Kopf mit beiden Händen weitergereicht werden.
2. Die Spieler reichen den Ball rückwärts durch die Beine an ihren jeweiligen Hintermann weiter.
3. Die Spieler von Team A hüpfen auf einem Bein oder in einem alten Kartoffelsack um das Spielfeld.

Wusstest du schon,

... dass der Tango aus Argentinien kommt? Der Tanz entstand im Süden von Buenos Aires, im Hafenviertel La Boca, und eroberte von dort aus die ganze Welt.

Kulturcheck

Ein Memory®-Spiel kennt ihr bestimmt. Warum also nicht einmal ein besonderes Argentinien-Memory® selbst herstellen? Sammelt in Reiseführern oder im Internet Wissenswertes und Interessantes über das Land. Auf die eine Karte schreibt ihr ein Stichwort zu Argentinien und auf die andere Karte die dazu passende Information. Ein Stichwort könnte zum Beispiel „beliebteste Sportart" sein, und die dazugehörige Information könnte dann folgendermaßen lauten: „Fußball: Brasilien war schon fünfmal Weltmeister und ist damit die erfolgreichste Nationalmannschaft der Welt."

Federball

(Peteca)

- **Herkunft:** Brasilien
- **Spielerzahl:** beliebig
- **Alter:** ab 8 Jahren
- **Fitness-Stufe:** mittel
- **Wettkampf-Stufe:** niedrig
- **Ort:** überall
- **Material:** ein Indiaca-Ball

So geht's:

In der ursprünglichen Version des Spiels wurde der Ball aus einem Stück Leder gemacht, das kegelförmig zugeschnitten und zusammengenäht wurde. Den Kegel füllte man dann mit Sand, bis er etwa so groß war wie ein Tennisball. In das obere Ende steckte man ein paar lange Federn und band dann alles fest zusammen. Heutzutage kann man für das Peteca-Spiel auch einfach einen so genannten Indiaca-Ball benutzen.

Die Spieler stellen sich im Kreis auf. Der Federball wird hochgeworfen, und die Spieler müssen ihn in der Luft halten, indem sie ihn einander mit der flachen Hand reihum zuspielen. Der Ball wird immer von unten mit der flachen Hand geschlagen, damit der nächste Spieler ihn annehmen kann. Dabei können die Spieler zum Beispiel das Alphabet aufsagen oder laut die Schläge mitzählen. Wenn der Indiaca-Ball auf den Boden fällt, fängt man wieder von vorne an, und der Spieler, der den Ball zuletzt berührt hat, beginnt.

Varianten:

1. Die Spieler können sich den Indiaca-Ball statt reihum auch in beliebiger Reihenfolge zuspielen. Dabei müssen sie dann auch nicht im Kreis stehen.
2. Veranstalten Sie ein kleines Indiaca-Turnier mit mehreren Mannschaften. Jedes Team bekommt einen Indiaca-Ball und spielt sich ihn im Kreis reihum zu. Die Mannschaft, die den Indiaca-Ball am längsten (also mit den meisten Schlägen) in der Luft halten kann, gewinnt.

Federball

Wusstest du schon,

… dass in keinem anderen Land so viel Orangensaft getrunken wird wie in Deutschland? Die meisten Saftorangen werden in Brasilien angebaut. Das Land ist der weltweit größte Produzent von Orangensaftkonzentrat.

Kulturcheck

Geht gemeinsam auf Entdeckungstour und untersucht, woher die Früchte in unseren Einkaufszentren stammen. Tragt auf einer Weltkarte die Herkunftsländer der Früchte ein, die es bei uns zu kaufen gibt.

Hockeyspiel

(Chueca)

- **Herkunft:** Chile
- **Spielerzahl:** ab 20
- **Alter:** ab 12 Jahren
- **Fitness-Stufe:** hoch
- **Wettkampf-Stufe:** hoch
- **Ort:** Sporthalle oder Sportplatz mit fester Oberfläche
- **Material:** Hockeyschläger, Hockeyball aus Gummi, verschiedenfarbige T-Shirts oder Parteibänder

So geht's:

Teilen Sie die Spieler in zwei Teams ein. Jedes Team reiht sich an einer Seitenlinie des Spielfeldes auf, sodass die Mannschaften einander gegenüberstehen. Markieren Sie an jedem Ende des Spielfelds eine Torlinie und in der Spielfeldmitte einen Kreis von etwa einem Meter Durchmesser. In diesen Kreis wird der Ball gelegt. Auf das Startsignal hin läuft aus beiden Teams ein Spieler zu dem Kreis und versucht, den Ball mit dem Hockeyschläger hinauszumanövrieren. Der Spieler, dem das gelingt, spielt den Ball in Richtung der Torlinie seines Teams, wobei er seinen Teamkollegen dabei den Ball zupassen darf. Das gegnerische Team versucht natürlich, dies zu verhindern und selbst in Ballbesitz zu kommen. Gelingt es einem Team, den Ball über die eigene Torlinie zu bringen, bekommt es einen Punkt. Nach jedem Punkt stellen sich die Teams wieder an den Seitenlinien auf, der Ball wird in den Kreis gelegt und ein neuer Spielzug beginnt. Das Team, das nach Ablauf der Spielzeit die meisten Punkte erzielt hat, gewinnt.

Wusstest du schon,

... dass im Norden Chiles die trockenste Wüste der Welt, die Atacamawüste, liegt?

Kulturcheck

Ein Drittel der Landmasse auf der Erde besteht aus Wüsten oder Halbwüsten. Wo genau liegen sie? Wie entstehen sie? Und was unterscheidet eigentlich Sahara, Atacama, Gobi und Co. voneinander? Sucht nach Informationsmaterial über Wüsten, und gestaltet eine Themenwand. Dabei könnt ihr auf folgende Punkte eingehen: Wüstenformen, Wüstenbildung, Tiere und Pflanzen in der Wüste.

Abwurfspiel

(El Pullmatun)

- **Herkunft:** Chile
- **Spielerzahl:** 4 bis 30
- **Alter:** ab 8 Jahren
- **Fitness-Stufe:** hoch
- **Wettkampf-Stufe:** mittel
- **Ort:** Sporthalle oder -platz
- **Material:** ein etwa 30 Meter langes Seil, ein kleiner Ball

So geht's:

Teilen Sie die Spieler in zwei Teams ein. Legen Sie das Seil zu einem Kreis auf den Boden aus. Innerhalb des Kreises stehen sich die beiden Mannschaften einander gegenüber. Ziel des Spiels ist es, den Ball unter einem Bein durchzuwerfen und einen Spieler des gegnerischen Teams damit zu treffen. Das gegnerische Team versucht, dem Ball auszuweichen oder ihn mit den Händen zu fangen, sodass sie selbst einen Gegner abwerfen können. Wird ein Spieler getroffen, bekommt das Team des Werfers einen Punkt. Tritt ein Spieler aus dem Kreis, wird seinem Team ein Punkt abgezogen – es sei denn, er will nur den hinausgerollten Ball wiederholen. Dabei kann der Punktestand auch schon mal in den Minusbereich gehen. Am Ende der Spielzeit gewinnt das Team mit den meisten Punkten.

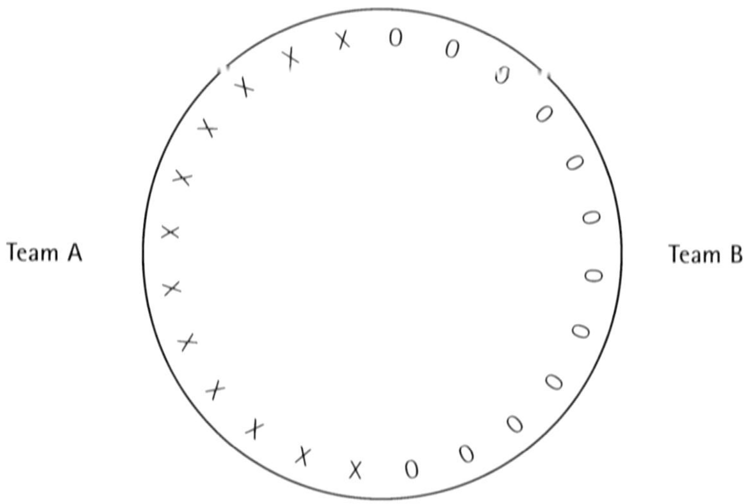

Abwurfspiel

Wusstest du schon,

... dass Chile auch als Land der Vulkane gilt? Mit 6 893 Metern ist der Ojos del Salado nicht nur der höchste Berg Chiles, sondern gleichzeitig auch der höchste Vulkan der Welt.

Kulturcheck

Informiert euch in Büchern oder im Internet, wie ein Vulkan ausbricht und was bei einem solchen Ausbruch alles zu Tage kommt. Vielleicht stoßt ihr bei eurer Recherche auch auf ein kleines Experiment, um selbst einen Vulkanausbruch nachstellen zu können.

Murmeln

- **Herkunft:** Guatemala
- **Spielerzahl:** 6 bis 15
- **Alter:** ab 7 Jahren
- **Fitness-Stufe:** niedrig
- **Wettkampf-Stufe:** mittel
- **Ort:** Platz mit weichem Boden
- **Material:** drei Murmeln für jede Mannschaft

So geht's:

Die Spieler bilden zu dritt Mannschaften, die dann gegeneinander antreten. Es werden drei Kuhlen im Abstand von etwa zehn Zentimetern zueinander in den Boden gegraben. Der Boden darum herum wird geglättet. Von einer etwa zwei Meter entfernten Linie werden die Murmeln in die Kuhle geworfen. Jede Mannschaft hat drei Würfe, bei denen in jeder Kuhle eine Murmel landen muss. Sieger ist die Mannschaft, die in jeder Kuhle eine Murmel liegen hat. Schaffen das zwei Mannschaften, treten sie noch einmal gegeneinander an.

Variante:

Während eine Mannschaft spielt, wird sie von einer anderen „attackiert", indem die Murmeln beworfen und damit abgelenkt werden.

Wusstest du schon,

... dass die Maya bereits vor Jahrhunderten ein Zahlsystem entwickelt haben, mit dem sie Zahlen darstellen und rechnen konnten?

Kulturcheck

Die Maya schrieben Zahlen auf eine andere Art und Weise, wie wir sie kennen. Bildet Kleingruppen, und informiert euch darüber, mit welchen Symbolen die Maya Zahlen darstellten. Überlegt euch kleine Rechenbeispiele nach dem Zahlsystem der Maya. Tauscht sie untereinander aus, und versucht, sie zu lösen.

Wandball

- **Herkunft:** Guatemala
- **Spielerzahl:** 5
- **Alter:** ab 5 Jahren
- **Fitness-Stufe:** hoch
- **Wettkampf-Stufe:** niedrig
- **Ort:** Platz mit glattem Boden und einer Wand an einem Ende
- **Material:** fünf Tennisbälle oder andere kleine Bälle

So geht's:
Die fünf Spieler stellen sich etwa zwei Meter vor der Wand nebeneinander auf. Dann sprechen sie zusammen rhythmisch den untenstehenden Text, wobei jede Zeile dreimal wiederholt wird. Bei jeder Zeile werfen die Spieler ihre Bälle gegen die Wand und fangen sie wieder auf. Dabei müssen sie die Anweisungen in der Zeile befolgen. Kann ein Spieler seinen Ball nicht auffangen, scheidet er aus. Das Spiel geht so lange weiter, bis nur noch ein Spieler übrig ist.

Wir werfen den Ball:
... gegen die Wand
... bewegen uns nicht
... lachen nicht
... reden nicht
... auf einem Bein
... mit einer Hand – (*Der Ball muss mit derselben Hand geworfen und gefangen werden.*)
... wir klatschen vorn – *(werfen, vor dem Körper in die Hände klatschen, fangen)*
... wir klatschen hinten – *(werfen, hinter dem Rücken in die Hände klatschen, fangen)*
... Wirbelwind – *(werfen, Windmühlenarme, fangen)*
... kleines Pferd – *(werfen, ein Bein heben, darunter in die Hände klatschen, fangen)*
... auf der Stelle – *(werfen, Arme bleiben ausgestreckt, fangen)*
... halb herum – *(werfen, halbe Drehung, halbe Drehung zurück, fangen)*
... ganz herum – *(werfen, ganze Drehung, fangen).*

Danach ist die erste Runde zu Ende. Für alle Spieler, die dann noch dabei sind, geht es in die nächste Runde, wobei jede Zeile nur noch zweimal gerufen wird. Sind nach dieser Runde immer noch Spieler übrig, geht es in die dritte Runde, wobei jede Zeile nur noch einmal gerufen wird. Sind auch nach der dritten Runde noch mehr als ein Spieler mit von der Partie, werden die Zeilen in der nächsten Runde wieder dreimal gerufen (dann zweimal, dann einmal) – so lange, bis nur noch ein Spieler übrig ist. Dieser Spieler hat dann gewonnen.

Wandball

Variante:
Wenn ein Spieler seinen Ball nicht fängt, setzt er einfach bei der nächsten Zeile wieder mit ein, bekommt aber einen Strafpunkt. Am Ende gewinnt dann der Spieler mit den wenigsten Punkten.

Wusstest du schon,

... dass Guatemala das Zentrum der alten Maya-Kultur war? Um ihre Götter zu ehren, bauten die Maya gigantische Pyramiden. Noch heute sind diese Bauwerke den Wissenschaftlern ein Rätsel.

Kulturcheck

Recherchiert in der Bibliothek oder im Internet über die Hochkultur der Maya. Wählt interessante, spannende oder kuriose Informationen aus, und erstellt ein Maya-Quiz.

Bunte Bänder

(Cintas de colores)

- **Herkunft:** Kolumbien
- **Spielerzahl:** 10 bis 30
- **Alter:** ab 8 Jahren
- **Fitness-Stufe:** niedrig
- **Wettkampf-Stufe:** niedrig
- **Ort:** überall
- **Material:** keines erforderlich

So geht's:

Ein Spieler wird zum „Engel" bestimmt, ein anderer zum „Teufel". Alle anderen Spieler werden „Bänder". Engel und Teufel stehen ein Stück abseits, während der Spielleiter jedem „Band" eine bestimmte Farbe zuflüstert. Es sollte etwa zehn verschiedene Farben unter den „Bändern" geben. Bei mehr als zehn Spielern können Farben auch mehrfach verteilt werden.

Der Engel tritt nun vor die Bänder, die ihm zurufen: „Engel, was wünschst du?" Der Engel antwortet: „Ich wünsche mir viele bunte Bänder!" Der Spielleiter fragt den Engel: „Welche Farbe brauchst du?" Jetzt stellt sich der Engel einem Spieler gegenüber und nennt eine Farbe. Wenn es die Farbe ist, die dem Spieler vorher zugeteilt wurde, stellt sich der Spieler hinter den Engel. Der Engel rät so lange weiter, bis er bei einem Spieler danebenliegt. Dann tritt der Engel mit seinen Bändern zur Seite, und der Teufel ist an der Reihe. Die Bänder haben Angst vor dem Teufel und kreuzen die Zeigefinger. Die Bänder rufen: „Teufel, was willst du?! Der Teufel antwortet: „Viele bunte Bänder!" Der Spielleiter fragt den Teufel: „Welche Farben möchtest du gerne?" Nun stellt sich auch der Teufel einem Spieler gegenüber und nennt eine Farbe. Hat er richtig geraten, so stellt sich dieser Spieler hinter den Teufel, der dann zum nächsten Spieler weitergeht. Hat der Teufel aber falschgelegen, ist der Engel wieder an der Reihe. So wechseln sich Engel und Teufel ab, bis keine Bänder mehr da sind. Gewonnen hat derjenige, der die meisten Spieler bzw. „bunte Bänder" hinter sich hat.

Variante:

Wenn alle Spieler (Bänder) an Engel oder Teufel vergeben sind, können sich die beiden ihre Bänder gegenseitig stehlen, indem sie die Farben der gegnerischen Spieler erraten. Abwechselnd gehen sie dazu die Reihe ihres Gegners entlang und geben bei jedem Spieler einen Farbtipp ab. Die Spieler, deren Farbe erraten wurde, wechseln in die gegnerische Reihe. Dann zählen Engel und Teufel ihre Bänder. Gewonnen hat derjenige mit den meisten Bändern in seiner Reihe.

Bunte Bänder

Wusstest du schon,

... dass Kolumbien das einzige Land in Südamerika ist, das sowohl am Atlantik als auch am Pazifik liegt?

Kulturcheck

Die kolumbianische Währung heißt Peso. Wie viel ist ein Peso in der Währung deines Heimatlandes wert? Wie viel würde ein Schokoriegel in Pesos kosten?

Ball

(Bola)

- **Herkunft:** Peru
- **Spielerzahl:** 4 bis 10
- **Alter:** ab 8 Jahren
- **Fitness-Stufe:** niedrig
- **Wettkampf-Stufe:** niedrig
- **Ort:** Sporthalle oder Schulhof
- **Material:** ein Gummiball (etwa so groß wie eine Bowlingkugel), drei Kegel oder Gymnastikkeulen

So geht's:
Stellen Sie drei Kegel oder Keulen sieben bis acht Meter von der Startlinie entfernt zu einem Dreieck auf, dessen Spitze in Richtung der Spieler zeigt. Die Spieler rollen den Ball nun auf die Kegel zu und versuchen, diese zu Fall zu bringen. Für den Kegel an der Spitze gibt es zwölf Punkte, für die beiden anderen jeweils sechs. Bevor es losgeht, müssen die Spieler sich auf eine Punktzahl einigen, bis zu der gespielt werden soll – 100 Punkte eignen sich zum Beispiel gut. Wer als Erster diese Punktzahl erreicht, gewinnt.

Wusstest du schon,

... dass der Brauch, Freundschaftsbänder mit farbenfrohen Mustern zu knüpfen und Menschen zu schenken, die man besonders mag, aus Mittel- und Südamerika kommt? Es heißt, dass man sich etwas wünschen darf, wenn man das Band umgebunden bekommt. Danach darf man es nicht mehr ablegen. Wenn es sich von selbst löst, geht der Wunsch in Erfüllung.

Kulturcheck

Vielleicht hast du Spaß daran, selbst einmal Freundschaftsbänder zu knüpfen? Dafür musst du kein Experte sein, sondern nur ein wenig Geduld mitbringen.

Uhr

(Reloj)

- **Herkunft:** Peru
- **Spielerzahl:** 4 bis 20
- **Alter:** ab 6 Jahren
- **Fitness-Stufe:** mittel
- **Wettkampf-Stufe:** niedrig
- **Ort:** jeder Raum mit hoher Decke oder im Freien
- **Material:** ein langes Springseil

So geht's:
Zwei Spieler schlagen das Springseil, die Springer stellen sich daneben in einer Reihe auf. Dann hüpfen die Springer nacheinander die Uhrzeit von ein bis 24 Uhr, indem sie in das Seil hineinlaufen und die entsprechende Anzahl an Sprüngen machen. Dann laufen sie auf der anderen Seite wieder heraus und stellen sich ans Ende der Reihe. Wer sich verzählt oder sich im Seil verheddert, tauscht den Platz mit einem der Spieler, die das Seil schwingen.

Wusstest du schon,

... dass die Pflanzen- und Tierwelt in Peru so vielfältig ist wie in kaum einen anderen Land der Welt? Das liegt daran, dass es in Peru drei verschiedene ökologische Regionen gibt: Regenwald, Bergnebelwald und Hochgebirge.

Kulturcheck

Informiert euch, welche Tiere es in Peru gibt, und erstellt ein Tierquartett mit den Kategorien Säugetiere, Reptilien/Amphibien, Vögel und Insekten/Spinnen.

Katz und Maus

(El gato y el raton)

- **Herkunft:** Puerto Rico
- **Spielerzahl:** 10 bis 30
- **Alter:** ab 5 Jahren
- **Fitness-Stufe:** niedrig
- **Wettkampf-Stufe:** niedrig
- **Ort:** jeder Platz im Freien
- **Material:** keines erforderlich

So geht's:

Losen Sie gemeinsam mit der Gruppe aus, wer die Maus und wer die Katze ist. Und legen Sie fest, wie lange eine Runde dauern soll (am besten nur wenige Minuten). Die restlichen Spieler stellen sich im Kreis auf und halten einander an den Händen. Die Maus kommt in die Mitte des Kreises, die Katze bleibt draußen. Natürlich will die Katze die Maus fangen, doch das ist nicht leicht.

Auf das Startsignal hin läuft die Katze um den Kreis herum und versucht, hineinzugelangen, indem sie die Hände der Spieler löst oder darunter hindurchkriecht. Ist die Katze im Kreis, öffnen die Spieler kurz den Kreis, um die Maus entwischen zu lassen. Wenn es der Katze gelingt, die Maus zu fangen, werden für die nächste Runde die Rollen getauscht. Ansonsten wird gelost, bis jeder einmal Katze oder Maus sein durfte.

Variante:

Der Spielleiter kann ein Wörtchen mitreden und der Katze oder Maus helfen. Er kann zum Beispiel den Kreisspielern zu einem beliebigen Zeitpunkt befehlen, die Hände nach oben zu nehmen oder die Beine zu grätschen.

Wusstest du schon,

... dass die Einwohner Puerto Ricos Bürger der USA sind?

Kulturcheck

Tragt Informationsmaterial über den Karibikstaat Puerto Rico zusammen und versucht, in Gruppen Poster zu erstellen, welche die Licht- und Schattenseiten dieses Landes zeigen.

Ozeanien

Wo ist die Kokosnuss?

- **Herkunft:** Australien (Aborigines)
- **Spielerzahl:** 28
- **Alter:** ab 6 Jahren
- **Fitness-Stufe:** niedrig
- **Wettkampf-Stufe:** niedrig
- **Ort:** überall
- **Material:** 28 halbe Kokosnussschalen oder Bohnensäckchen

So geht's:
Bilden Sie vier Teams mit jeweils sieben Spielern. Jedes Team bestimmt einen Spielleiter. Die Teams stellen sich alle in einem Kreis auf, der etwa einen Durchmesser von drei Metern hat. Der Spielleiter eines jeden Teams hat zu seinen Füßen sieben der halbierten Kokosnüsse liegen. Auf das Startsignal hin wirft er dem Spieler zu seiner Linken eine Kokosnussschale zu. Dieser fängt die Schale auf und legt sie vor sich auf den Boden. Dann wirft der Spielleiter die nächste Schale, bis der linke Nebenmann alle sieben Kokosnüsse vor sich liegen hat. Dieser wirft nun die Schalen einzeln nacheinander dem Spieler zu seiner Linken zu. So machen die Kokosnussschalen die Runde, bis sie alle wieder beim Spielleiter angekommen sind. Das Team, das dabei am schnellsten ist, gewinnt.

Wusstest du schon,

... dass die Kokosnuss, die man isst, eigentlich der Samen der Kokospalme ist? Die Kokospalme wird oft „Baum des Lebens" genannt, weil sie den Menschen sehr unterschiedliche Produkte liefert. Alle Teile der Palme werden verwendet.

Kulturcheck

Findet heraus, welche Produkte aus der Kokospalme und der Kokosnuss hergestellt werden. Fertigt für die Präsentation ein Plakat an, das eure Ergebnisse veranschaulicht.

Kugeln

- **Herkunft:** Australien
- **Spielerzahl:** 2 bis 8
- **Alter:** ab 6 Jahren
- **Fitness-Stufe:** niedrig
- **Wettkampf-Stufe:** niedrig
- **Ort:** drinnen oder draußen
- **Material:** eine Holzkugel für jeden Spieler (in verschiedenen Farben), eine Holzkugel in Weiß oder einer anderen hellen Farbe als Zielkugel, Kreide oder Klebeband zum Markieren der Startlinie

So geht's:

Die Spieler legen fest, in welcher Reihenfolge gespielt werden soll. Platzieren Sie die weiße Zielkugel in einiger Entfernung zur Startlinie. Dann lässt einer nach dem anderen seine Kugel in Richtung der Zielkugel rollen. Wer am nächsten herankommt, erhält einen Punkt. Wer die Zielkugel mit seiner eigenen trifft, bekommt drei Punkte. Wenn eine Kugel durch eine andere an die Zielkugel stößt, erhält der Besitzer dieser Kugel ebenfalls drei Punkte. Trifft die Kugel eines Spielers die eines anderen, wird die neue Position beider Kugeln zur Zielkugel gewertet. Haben alle Spieler geworfen, werden die Punkte gezählt und die Kugeln wieder eingesammelt. Spielen Sie bis zu einer vorher festgelegten Punktezahl, zum Beispiel elf oder 21 Punkte. Sieger ist, wer als Erstes die entsprechende Punktzahl erreicht.

Wusstest du schon,

... dass die Ureinwohner Australiens „Aborigines" genannt werden? Die Aborigines sind, wie die Indianer Nordamerikas, kein einheitliches Volk, sondern bestehen aus mehreren Stämmen und Clans mit oft unterschiedlichen Sprachen und Bräuchen.

Kulturcheck

Das Didgeridoo ist ein traditionelles Blasinstrument der Aborigines. Es dient den Ureinwohnern auch heute noch als Begleitinstrument für Gesänge und Tänze. Sie stellen es meist aus einem ausgehöhlten Stamm her und verzieren es mit Malereien. Mit einem Bambusrohr kannst du dir dein eigenes Didgeridoo anfertigen. Probiere es einfach aus!

Cricket

- **Herkunft:** Australien
- **Spielerzahl:** 22
- **Alter:** ab 12 Jahren
- **Fitness-Stufe:** mittel
- **Wettkampf-Stufe:** hoch
- **Ort:** ein Rasenplatz mit einem Durchmesser zwischen 90 und 150 Meter
- **Material:** ein „Wicket" (eine etwa 70 Zentimeter hohe Konstruktion aus drei Längs- und zwei kurzen Querhölzern), ein Cricketschläger, ein Tennisball, eine Fahne, die in den Boden gesteckt wird, Kreide, Hütchen oder Absperrband, um das Feld zu markieren

So geht's:
Teilen Sie die Gruppe in zwei Mannschaften mit jeweils elf Spielern auf. Eine Münze entscheidet, welches Team zuerst angreift (Schlagmannschaft) oder verteidigt (Feldmannschaft). Zu Beginn eines Durchgangs betreten ein Schlagmann der Schlagmannschaft und alle elf Spieler der Feldmannschaft das Spielfeld. Die übrigen neun Spieler der Schlagmannschaft warten außerhalb des Spielfelds auf ihren Einsatz. Der Schlagmann stellt sich vor das Wicket an der Schlaglinie auf. Hinter dem Schlagmann steht der Fänger, der zur Feldmannschaft gehört. Etwa 20 Meter vom Schlagmann entfernt steht ein Werfer der Feldmannschaft.

Der Werfer wirft nun den Ball mit ausgestrecktem Arm so über den Kopf, dass er vor dem Schlagmann aufspringt. Dieser versucht, den Ball mit dem Cricketschläger möglichst weit wegzuschlagen. Die übrigen neun Feldspieler sind so verteilt, dass sie den Ball fangen und zum Wicket zurückwerfen können. Ein Ball ist dann „gut", wenn er vom Schlagmann getroffen oder vom Fänger gefangen wird. Nach jedem „guten" Wurf wird ein anderer Feldspieler zum Werfer.

Trifft der Schlagmann den Ball, rennt er zur gegenüberliegenden Fahne, läuft um diese herum und kehrt schnell wieder zu seinem Platz zurück. Ein solcher Lauf bringt einen Punkt. Solange es der Feldmannschaft nicht gelingt, den Ball wieder zum Wicket zurückzuwerfen, kann der Schlagmann diesen Lauf so oft er will wiederholen und weitere Punkte sammeln. Sobald ein Feldspieler das Wicket mit dem Ball umwirft, bevor der Schlagmann seine Schlaglinie erreicht hat, scheidet dieser Schlagmann aus. Fliegt der Ball durch den Schlag außerhalb des Spielfelds, gibt das vier Punkte, ohne dass der Schlagmann laufen muss. Verfehlt ein Schlagmann den Ball oder schlägt das Wicket um, ist er ebenso ausgeschieden. Das gilt auch, wenn ein Feldspieler den geschlagenen Ball innerhalb des Spielfelds aus der Luft fängt. Dann ist der nächste Spieler der Schlagmannschaft an der Reihe. Sind alle Spieler der Schlagmannschaft ausgeschieden, ist der Durchgang beendet, und die Feldmannschaft wird zum Schlagteam. Nachdem beide Teams die gleiche Anzahl an Durchgängen gespielt haben, gewinnt die Mannschaft mit den meisten Punkten.

Wusstest du schon,

... dass man von den Australiern sagt, sie wären „sportverrückt"? Cricket ist in Australien sehr beliebt und zählt zu den Nationalsportarten. Eigentlich kommt Cricket ja aus Großbritannien, aber Australien war ja auch schließlich einmal eine britische Kolonie.

Kulturcheck

Finde heraus, welche Sportarten bei den Australiern besonders beliebt sind, und vergleiche mit Deutschland: Gibt es Gemeinsamkeiten, oder bevorzugen die Menschen in Australien ganz andere Sportarten?

Ballrennen

- **Herkunft:** Australien
- **Spielerzahl:** ab 10
- **Alter:** ab 9 Jahren
- **Fitness-Stufe:** hoch
- **Wettkampf-Stufe:** hoch
- **Ort:** jedes weitläufige Gelände
- **Material:** ein Ball für jede Mannschaft, Hütchen oder Kreide zum Markieren der Ziellinie

So geht's:

Teilen Sie die Spieler in zwei Mannschaften ein, die sich jeweils in einer Reihe hintereinander, sechs bis zehn Meter von der Ziellinie entfernt, aufstellen. Der erste Spieler jeder Reihe ist der Mannschaftsführer. Auf Ihr Startsignal wirft dieser den Ball über die Ziellinie. Sobald er den Ball geworfen hat, rennt der Spieler los, hebt ihn auf - nachdem er über die Linie geflogen ist - und läuft schnell wieder zurück zu seiner Mannschaft. Landet der Ball vor der Linie, muss der Spieler den Ball holen und es noch einmal versuchen. Sobald er wieder bei seiner Gruppe angekommen ist, übergibt er dem nächsten Spieler den Ball und stellt sich am Ende der Reihe auf. So geht es weiter, bis der Mannschaftsführer wieder vorne steht und den Ball mit ausgestrecktem Arm in die Luft hält. Schafft er das vor dem Anführer der anderen Mannschaft, so hat sein Team gewonnen.

Wusstest du schon,

... dass sich an Australiens Nordostküste das größte Korallenriff der Welt, das „Great Barrier Reef", befindet? Allein über 1 500 Korallenarten und mehr als 4 000 Fischarten sind dort zu finden.

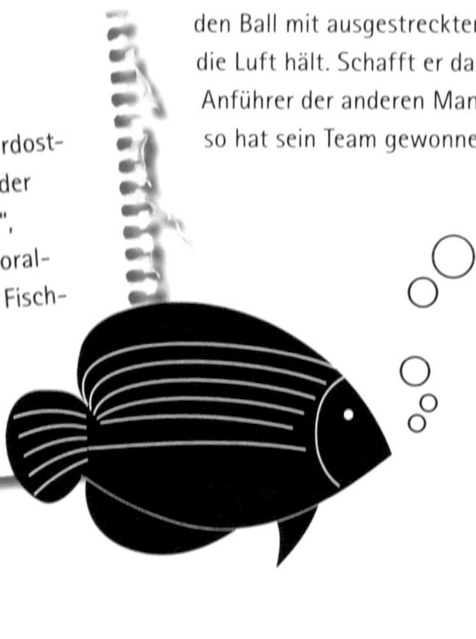

Kulturcheck

Erforscht die faszinierende Unterwasserwelt des Great Barrier Reefs. Gestaltet eine Collage mit eigenen Zeichnungen, Bildern und Fotos zu der Tier- und Pflanzenwelt des Great Barrier Reefs.

Die Hüpfleiter

- **Herkunft:** Australien
- **Spielerzahl:** ab 10
- **Alter:** ab 9 Jahren
- **Fitness-Stufe:** niedrig
- **Wettkampf-Stufe:** niedrig
- **Ort:** überall, wo genug Platz ist
- **Material:** Kreide

So geht's:
Teilen Sie die Spieler in zwei Teams ein. Die Teams legen untereinander die Startreihenfolge fest. Der beiden ersten Spieler jedes Teams stellen sich an der Startlinie auf und machen auf beiden Beinen einen Hüpfer nach vorn. Die nächsten zwei Spieler starten dann von dort, wo ihr jeweiliger Teamkollege gelandet ist. Auch sie versuchen, mit einem Hüpfer so weit wie möglich zu kommen. Am besten markieren Sie mit Kreide, wo die einzelnen Spieler genau gelandet sind, damit es keine Streitigkeiten gibt. Wenn alle Spieler einmal an der Reihe waren, wird gemessen. Das Team, das insgesamt am weitesten gekommen ist, gewinnt.

Wusstest du schon,

... dass Kinder und Jugendliche, die in Australien auf entlegenen Farmen wohnen, Fernunterricht durch spezielle Lehrer erhalten? Australische Farmkinder schneiden auf diesem Weg nicht schlechter ab als ihre Mitschüler in den Großstädten. In Australien ist das Lernen per Internet daher selbstverständlich.

Kulturcheck

Stelle dir vor, du würdest in Australien wohnen. Was gefiele dir gut am Unterricht außerhalb einer normalen Klasse und was nicht?

Stockspiel

(Ti Rakau)

- **Herkunft:** Neuseeland (Maori)
- **Spielerzahl:** ab 2
- **Alter:** ab 9 Jahren
- **Fitness-Stufe:** niedrig
- **Wettkampf-Stufe:** niedrig
- **Ort:** überall
- **Material:** zwei Stöcke für jeden Spieler, Musik

So geht's:

Die Spieler sitzen sich in zwei Reihen gegenüber, sodass jeder einen Partner hat. Alle Spieler bekommen jeweils zwei Stöcke, die im Rhythmus eines Liedes gegeneinandergeschlagen werden. Dabei sind der Fantasie der Spieler keine Grenzen gesetzt. Sie können die Stöcke zum Beispiel rechts von sich auf den Boden schlagen, anschließend gegeneinander und dann links auf den Boden. Schließlich werfen die Spieler mit der rechten Hand den Stock in senkrechter Position dem gegenübersitzenden Partner zu. Das Gleiche passiert auch mit dem Stock in der linken Hand. Mit der Zeit wird das Tempo erhöht, und wer einen Stock fallen lässt, scheidet aus. Gewonnen hat, wer am Schluss noch einen Stock hat.

Wusstest du schon,

... dass die Maoris, die Ureinwohner Neuseeslands, bekannt für ihre Gesichtstätowierungen sind? Bei den Maoris werden die Tätowierungen im Gesicht „Moko" genannt. Heute malen sich die Maoris diese traditionelle Gesichtstätowierung vor allem zu festlichen Anlässen mit Schminke auf.

Kulturcheck

Sucht nach Bildern, die Maoris mit der traditionellen Gesichtstätowierung zeigen. Verziert euer Gesicht doch einmal selbst mit solchen Tätowierungen! Am besten benutzt ihr dazu einen schwarzen Kajalstift.

Kegelspiel

(Tapu-Ae)

- **Herkunft:** Neuseeland
- **Spielerzahl:** 24
- **Alter:** ab 12 Jahren
- **Fitness-Stufe:** hoch
- **Wettkampf-Stufe:** hoch
- **Ort:** Sporthalle oder draußen
- **Material:** zwei Gummibälle in unterschiedlichen Farben, zwei Kegel oder Keulen

So geht's:

Teilen Sie die Spieler in zwei Mannschaften mit je zwölf Spielern ein. In jeder Gruppe sind sechs Stürmer, drei Mittelfeldspieler, zwei Verteidiger und ein Kegelwart.
Die Spieler stellen sich wie in der Skizze dargestellt auf. Ziel ist es, den Kegel (oder die Keule) der gegnerischen Mannschaft mit dem Ball umzuwerfen. Zu Beginn bekommt je ein Mittelfeldspieler beider Teams einen Ball. Auf das Startsignal hin versuchen die beiden Mittelfeldspieler, den Ball den Stürmern ihrer Mannschaft zuzuspielen. Die Stürmer wiederum probieren, den Kegel des gegnerischen Teams mit dem Ball zu treffen.
Die Kegelwarte schützen den Kegel gemeinsam mit den Verteidigern, indem sie versuchen, den Ball abzupassen und ihn einem Mitspieler der eigenen Mannschaft zuzuspielen.
Dabei muss der Ball immer den Weg über die Mittelfeldspieler nehmen.

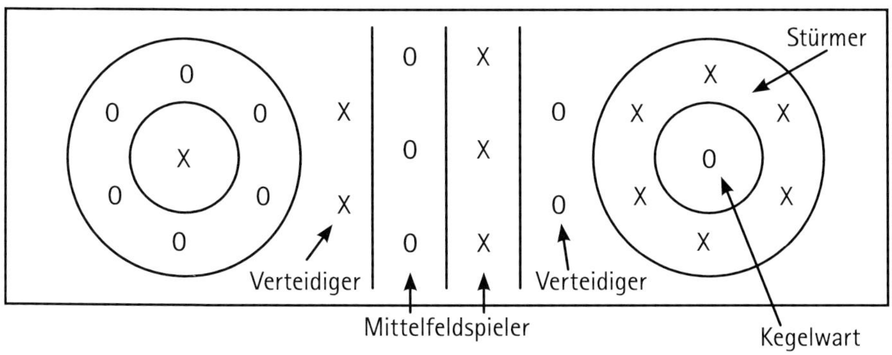

Regeln:

1. Alle Spieler müssen an den ihnen zugeteilten Plätzen stehen bleiben.
2. Die Spieler dürfen den Ball mit dem Fuß kicken oder sich ihn gegenseitig zuwerfen. Außer einen Schritt vorwärts beim Werfen, Fangen oder Kicken, darf der Spieler, der in Ballbesitz ist, sich nicht von der Stelle bewegen.
3. Der Ball muss innerhalb von fünf Sekunden an den nächsten Spieler abgegeben werden.
4. Verstößt ein Spieler gegen die Regeln, bekommt die gegnerische Mannschaft den Ball.

Kegelspiel

Punktevergabe:

1. Wirft ein Spieler den Kegel mit dem Ball der eigenen Mannschaft um, bekommt die Mannschaft einen Punkt.
2. Wirft ein Spieler den Kegel mit dem Ball der gegnerischen Mannschaft um, erhält die Mannschaft zwei Punkte.
3. Die Mannschaft, die als Erstes elf Punkte erreicht, gewinnt.

Variante:

Stimmen Sie die Spielfeldgröße darauf ab, wie viel Platz Sie zur Verfügung haben und wie alt und geübt ihre Spieler sind.

Wusstest du schon,

... dass die Kiwifrucht nach dem National- und Wappentier Neuseelands benannt wurde? Die Neuseeländer bezeichnen sich selbst auch als „Kiwis".

Kulturcheck

Finde heraus, um welches Tier es sich bei Neuseelands Wappentier handelt, und fertige einen Tiersteckbrief an.

Spielefinder (Afrika)

Afrika	Spiel	Spielerzahl	Alter	Fitness-Stufe	Wettkampf-Stufe	Ort	Material
Äthiopien	Reifen-Speerwurf	2 bis 10	ab 9 Jahren	niedrig	niedrig	großes Außengelände	einen Hula-Hoop-Reifen, einen kleinen Ball oder Stock für jeden Spieler
Ghana	Boa Constrictor	12 bis 30	ab 8 Jahren	hoch	niedrig	jede große Fläche	Kreide oder Hütchen zum Markieren des Spielfelds
Guinea	Wirf die Nuss!	ab 6	ab 9 Jahren	niedrig	niedrig	draußen	kleine Nüsse, Steine oder Bälle, eine große, leere Konservendose oder ein kleiner Eimer
Malawi	Steinchen werfen	2 bis 10	ab 8 Jahren	niedrig	niedrig	Schulhof oder Rasenfläche	100 bis 200 kleine, glatte Kieselsteine in allen Formen, einen kleinen runden Kieselstein von der Größe einer großen Murmel oder einen kleinen Ball, Kreide oder Hütchen
Nigeria	Stock-Sand-Spiel	6 bis 8	ab 6 Jahren	mittel	niedrig	Platz im Freien, an dem es Sand oder Kies gibt; Strand	einen glatten Stock (10 bis 15 Zentimeter lang), Sand- oder Kieshaufen

Spielefinder (Afrika)

Afrika	Spiel	Spielerzahl	Alter	Fitness-Stufe	Wettkampf-Stufe	Ort	Material
Nigeria	Blindes Pferd	12 oder mehr	ab 10 Jahren	hoch	niedrig	jeder große Platz	Augenbinden, Hütchen
Nigeria	Schwänzchen-fangen	ab 12	ab 6 Jahren	mittel	mittel	überall	Parteibänder, Tücher oder Schals
Nigeria	Vier Häuptlinge	ab 28 (Zahl muss durch 4 teilbar sein)	ab 6 Jahren	hoch	mittel	jeder Platz von ca. 15 x 30 m Größe	Parteibänder, Tücher oder Fähnchen in vier verschiedenen Farben (pro Farbe 20 bis 30 Stück), Stoppuhr, Trillerpfeife, vier Stühle, Hocker oder Kisten
Simbabwe	Gifttuch	8 bis 15	ab 6 Jahren	niedrig	niedrig	überall	ein Stück Stoff mit einem Knoten in der Mitte
Tansania	Wie viele?	ab 3	ab 6 Jahren	niedrig	niedrig	überall	eine größere Menge an kleinen Gegenständen (Kieselsteine, Maiskörner, Perlen, Murmeln)
Tansania	Alle Vögel fliegen hoch!	ab 20	ab 5 Jahren	niedrig	niedrig	überall	einen Tisch

Spielefinder (Asien)

Asien	Spiel	Spielerzahl	Alter	Fitness-Stufe	Wettkampf-Stufe	Ort	Material
Myanmar	Kreis-Fangspiel	ab 12	ab 6 Jahren	mittel	niedrig	überall	ein kleiner Ball oder ein Reissäckchen
Sri Lanka	Ich versteh nur Bahnhof!	10 bis 30	ab 10 Jahren	niedrig	niedrig	überall	keines erforderlich
China	Angeln im Dunkeln	8 bis 20	ab 5 Jahren	mittel	niedrig	überall	eine Augenbinde
China	Schuhhüpfen	10 bis 20	ab 9 Jahren	mittel	niedrig	überall	Schuhe
China	Die Chinesische Mauer	10 bis 50	ab 6 Jahren	hoch	niedrig	überall	Kreide oder Klebeband
China (Hongkong)	Bohnen pflanzen, Bohnen ernten	8 bis 20	ab 6 Jahren	mittel	niedrig	überall mit viel Platz	zehn Bohnen bzw. Bohnenkerne, Murmeln oder kleine Steine, Kreide, eine Trillerpfeife
Indien	Stock-Weitwurf	2 bis 14	ab 8 Jahren	niedrig	niedrig	großer, freier Platz im Freien	ein kurzer zylinderförmiger Holzstock (etwa 15 Zentimeter), ein länglicher Holzstock (etwa 70 Zentimeter)
Indonesien	Stein-Fangspiel	ab 2	ab 8 Jahren	niedrig	niedrig	überall	Kieselsteine oder Nüsse als Spielsteine

Spielefinder (Asien)

Asien	Spiel	Spielerzahl	Alter	Fitness-Stufe	Wettkampf-Stufe	Ort	Material
Indonesien	Ball treiben	ab 2	ab 9 Jahren	mittel	mittel	überall	zwei etwa körperlange Stöcke und ein Ball pro Spieler, Paketschnur, Kreide oder Hütchen
Indonesien	Muschelspiel	5 bis 15	ab 7 Jahre	niedrig	niedrig	überall	einen Flummi, Muscheln
Japan	Herr Tanaka	6 bis 12	ab 5 Jahren	niedrig	niedrig	überall	keines erforderlich
Japan	Parcourslauf	10 bis 30	ab 12 Jahren	hoch	hoch	Sporthalle	alles, was sich für einen Hindernislauf eignet
Laos	Stäbchen aufheben	2 bis 10	ab 5 Jahren	niedrig	niedrig	jede ebene Fläche	15 bis 30 Holzstäbchen von etwa. 25 Zentimeter Länge, ein kleiner Ball oder eine Walnuss
Pakistan	Steinchen, flieg!	2 bis 4	ab 8 Jahren	niedrig	niedrig	überall	Kreide oder Klebeband, fünf kleine, runde Steine (die Flugsteine), eine Markierung für jeden Spieler (bemalte Steine oder Zweige)

Spielefinder (Asien/Europa)

Asien	Spiel	Spielerzahl	Alter	Fitness-Stufe	Wettkampf-Stufe	Ort	Material
Pakistan	Stöckchen schießen	2 bis 10 pro Kreis	ab 8 Jahren	niedrig	niedrig	großer, freier Platz mit festem Untergrund	Kreide, sechs 30 Zentimeter lange Stöcke, ein kleiner, weicher Ball

Europa	Spiel	Spielerzahl	Alter	Fitness-Stufe	Wettkampf-Stufe	Ort	Material
Belgien	Hase und Jäger	12 bis 30	ab 6 Jahren	hoch	mittel	Schulhof oder Sporthalle	ein Softball
Deutschland	Prellball	8	ab 11 Jahren	hoch	hoch	Schulhof oder Sporthalle	ein Volleyball, ein Seil
Deutschland	Fischer, Fischer, wie tief ist das Wasser?	ab 12	ab 5 Jahren	niedrig	niedrig	Sporthalle, Wiese	keines erforderlich
Griechenland	Griechisches Ballspiel	20 bis 30	ab 9 Jahren	mittel	mittel	jeder große Platz	ein (Volley-)Ball, Kreide oder Hütchen zum Markieren des Spielfelds
Griechenland	Wurfball	20 bis 30	ab 10 Jahren	hoch	mittel	Rasenplatz oder Schulhof	(Volley-)Ball, Kreide, Klebeband oder Hütchen zum Markieren des Spielfelds

Spielefinder (Europa)

Europa	Spiel	Spielerzahl	Alter	Fitness-Stufe	Wettkampf-Stufe	Ort	Material
Griechenland	Das Dreieck-Spiel	2 bis 6	ab 6 Jahren	niedrig	niedrig	Schulhof	Kreide, kleine bunte Steine (oder andere bunte Gegenstände) für jeden Spieler
Großbritannien	Hüpfkästchen	2 bis 6	ab 5 Jahren	niedrig	niedrig	Schulhof	Kreide, ein kleiner Stein, Stöckchen oder Pfirsichkern
Großbritannien	Kegelspiel	3	ab 10 Jahren	hoch	niedrig	überall	Kreide zum Markieren des Spielfelds, ein Ball
Großbritannien	Hüpfschnecke	2 bis 6	ab 5 Jahren	niedrig	niedrig	Schulhof	Kreide
Großbritannien	Kartoffelrennen	beliebig	ab 5 Jahre	niedrig	niedrig	überall	Kreide oder Klebeband, Kartoffeln, Körbe, Eimer oder Ähnliches
Italien	Hüpfkästchen	2 bis 6	ab 5 Jahren	mittel	mittel	Schulhof	Kreide, ein kleiner flacher Stein oder ähnlicher Gegenstand
Italien	Römisches Boccia	4	ab 8 Jahren	niedrig	niedrig	draußen	Kreide, acht möglichst runde Steine, ein Kieselstein

Spielefinder (Europa)

Europa	Spiel	Spielerzahl	Alter	Fitness-Stufe	Wettkampf-Stufe	Ort	Material
Luxemburg	Mauerball	5 bis 10	ab 8 Jahren	mittel	niedrig	jeder Platz mit einer Wand an einem Ende	ein kleiner, weicher Gummiball oder Softball
Russland	Fangspiel	11 bis 41 (die Zahl muss ungerade sein)	ab 8 Jahren	niedrig	niedrig	überall	eine Trillerpfeife
Russland	Fische fangen	5 bis 20	ab 5 Jahren	mittel	niedrig	überall	Paketschnur, aus Tonpapier ausgeschnittene Fische, Filz- oder Wachsmalstifte, Lochzange, Schere, Trillerpfeife, Hütchen oder Kreide
Russland	Über-Kreuz-Tauziehen	40 bis 80	ab 8 Jahren	hoch	mittel bis hoch	jeder große Platz	zwei dicke Seile von je 6 bis 8 Metern Länge, eine Trillerpfeife, vier Hütchen
Schweiz	Hallihallo!	ab 10	ab 9 Jahren	niedrig	niedrig	überall	ein weicher Gummiball oder Reissäckchen
Spanien	Tuch binden	ab 10	ab 7 Jahren	niedrig	mittel	überall	zwei Tücher
Tschechien	Länderball	6 bis 15	ab 10 Jahren	mittel	niedrig	Schulhof oder Sporthalle	ein Softball

Spielefinder (Nordamerika)

Nord-amerika	Spiel	Spielerzahl	Alter	Fitness-Stufe	Wettkampf-Stufe	Ort	Material
Mexiko	Murmel-Dreieck-Spiel	ab 3	ab 7 Jahren	niedrig	niedrig	überall	Murmeln, Kreide
Mexiko (Maya)	Triff das Tor!	ab 6	ab 12 Jahren	hoch	hoch	Spielplatz, große Wiese oder Garten	ein aufblasbarer Wasserball, ein Hula-Hoop-Reifen
USA (Hawaii)	Maika-Stein	2 bis 6	ab 12 Jahren	mittel	mittel	großer, freier Platz im Freien	eine runde Holzscheibe mit ungefähr 15 Zentimetern Durchmesser für jeden Spieler, zwei Hütchen oder Stöcke, um das Tor zu markieren
USA (Alaska)	Bitte lächeln!	ab 20	ab 9 Jahren	niedrig	niedrig	überall	keines erforderlich
USA (Irokesen)	Pflaumenkernspiel	ab 5	ab 10 Jahren	niedrig	niedrig	überall	vier, sechs oder acht Pflaumen- oder Aprikosenkerne, die auf einer Seite bemalt sind, eine Holzschale, Süßigkeiten als Spieleinsatz
USA (Pueblo)	Treffball	10 bis 30	ab 9 Jahren	mittel	mittel	Sporthalle oder draußen	ein Softball

Spielefinder (Nordamerika)

Nord-amerika	Spiel	Spielerzahl	Alter	Fitness-Stufe	Wettkampf-Stufe	Ort	Material
USA (Pueblo)	Ballweitwurf	ab 6	ab 12 Jahren	hoch	hoch	großes Innen- oder Außengelände	ein kleines Reis- oder Bohnensäckchen für jeden Spieler, Paketschnur, zwei Hütchen
USA (Blackfoot)	Knochenspiel	2 bis 12	ab 8 Jahren	niedrig	niedrig	überall	zwei Stöcke von 15 Zentimetern Länge, schwarze Lackfarbe, ein Pinsel
USA (Choctaw)	Stöcke stehlen	4 bis 7	ab 6 Jahren	mittel	mittel	überall	sechs Stöcke von etwa 50 Zentimetern Länge, Kreide oder Hütchen, Trillerpfeife
USA (Ojibwa)	Mokassinspiel	12 bis 28	ab 7 Jahren	niedrig	niedrig	überall	Schuhe, ein kleiner Stein, eine Münze
USA	Kronkorkenspiel	2 bis 6	ab 6 Jahren	niedrig	hoch	asphaltierter Platz	ein Kronkorken für jeden Spieler, Kreide
USA	Ran an den Speck!	20 bis 30	ab 7 Jahren	niedrig	niedrig	Sporthalle oder draußen	eine Jonglierkeule oder ein Plastikkegel

Spielefinder (Nordamerika/Mittel- und Südamerika)

Nordamerika	Spiel	Spielerzahl	Alter	Fitness-Stufe	Wettkampf-Stufe	Ort	Material
Kanada	Lacrosse	24	ab 10 Jahren	hoch	hoch	großer Rasenplatz	ein Küchensieb mit Stiel aus Plastik oder Metall für jeden Spieler, ein Tischtennisball, 4 zwei Meter lange Stäbe, Seil oder Absperrband

Mittel- und Südamerika	Spiel	Spielerzahl	Alter	Fitness-Stufe	Wettkampf-Stufe	Ort	Material
Argentinien	Ball in der Luft	30 bis 40	ab 10 Jahren	hoch	niedrig	Rasenplatz oder Sporthalle	(Volley-)Ball, Hütchen zum Markieren des Spielfelds, Trillerpfeife, Papier und Stift
Brasilien	Federball	beliebig	ab 8 Jahren	mittel	niedrig	überall	ein Indiaca-Ball
Chile	Hockeyspiel	ab 20	ab 12 Jahren	hoch	hoch	Sporthalle oder Sportplatz mit fester Oberfläche	Hockeyschläger, Hockeyball aus Gummi, verschiedenfarbige T-Shirts oder Parteibänder
Chile	Abwurfspiel	4 bis 30	ab 8 Jahren	hoch	mittel	Sporthalle oder -platz	ein etwa 30 Meter langes Seil, ein kleiner Ball

Spielefinder (Mittel- und Südamerika)

Mittel- und Süd-amerika	Spiel	Spielerzahl	Alter	Fitness-Stufe	Wettkampf-Stufe	Ort	Material
Kolumbien	Bunte Bänder	10 bis 30	ab 8 Jahren	niedrig	niedrig	überall	keines erforderlich
Guatemala	Murmeln	6 bis 15	ab 7 Jahren	niedrig	mittel	Platz mit weichem Boden	drei Murmeln für jede Mannschaft
Guatemala	Wandball	5	ab 5 Jahren	hoch	niedrig	Platz mit glattem Boden und einer Wand an einem Ende	fünf Tennisbälle oder andere kleine Bälle
Peru	Ball	4 bis 10	ab 8 Jahren	niedrig	niedrig	Sporthalle oder Schulhof	ein Gummiball (etwa so groß wie eine Bowlingkugel), drei Kegel oder Gymnastikkeulen
Peru	Uhr	4 bis 20	ab 6 Jahren	mittel	niedrig	jeder Raum mit hoher Decke oder im Freien	ein langes Springseil
Puerto Rico	Katz und Maus	10 bis 30	ab 5 Jahren	niedrig	niedrig	jeder Platz im Freien	keines erforderlich

Spielefinder (Ozeanien)

Ozeanien	Spiel	Spielerzahl	Alter	Fitness-Stufe	Wettkampf-Stufe	Ort	Material
Australien (Aborigines)	Wo ist die Kokosnuss?	28	ab 6 Jahren	niedrig	niedrig	überall	28 halbe Kokosnussschalen oder Bohnensäckchen
Australien	Kugeln	2 bis 8	ab 6 Jahren	niedrig	niedrig	drinnen oder draußen	eine Holzkugel für jeden Spieler (verschiedenfarbig), eine Holzkugel in Weiß oder anderen hellen Farbe als Zielkugel, Kreide oder Klebeband zum Markieren der Startlinie
Australien	Cricket	22	ab 12 Jahren	mittel	hoch	ein Rasenplatz mit einem Durchmesser zwischen 90 und 150 Meter	ein „Wicket" (eine etwa 70 Zentimeter hohe Konstruktion aus drei Längs- und zwei kurzen Querhölzern), ein Cricketschläger, ein Tennisball, eine Fahne, die in den Boden gesteckt wird, Kreide, Hütchen oder Absperrband, um das Feld zu markieren

Spielefinder (Ozeanien)

Ozeanien	Spiel	Spielerzahl	Alter	Fitness-Stufe	Wettkampf-Stufe	Ort	Material
Australien	Ballrennen	ab 10	ab 9 Jahren	hoch	hoch	jedes weitläufige Gelände	ein Ball für jede Mannschaft, Hütchen oder Kreide zum Markieren der Ziellinie
Australien	Die Hüpfleiter	ab 10	ab 9 Jahren	niedrig	niedrig	überall, wo genug Platz ist	Kreide
Neuseeland (Maori)	Stockspiel	ab 2	ab 9 Jahren	niedrig	niedrig	überall	zwei Stöcke für jeden Spieler, Musik
Neuseeland	Kegelspiel	24	ab 12 Jahren	hoch	hoch	Sporthalle oder draußen	zwei Gummibälle in unterschiedlichen Farben, zwei Kegel oder Keulen

Linktipps*

Allgemein

www.kindernetz.de
Im Infonetz der Kindernetz-Seite des SWR gibt es für Kinder und Jugendliche ausführliche Artikel und Anregungen zu verschieden Themen: Afrika, Indianer Nordamerikas, Maya, Weltreligionen, Wüsten der Erde ...

Afrika

Nigeria
www.stamm-net.de/namibia/musikinstrumente.htm
Eine Anleitung, wie man mit wenig Material und Aufwand eine afrikanische Trommel selbst basteln kann.

Tansania
www.serengeti.org/deutsch_neu/index_2.html
Die offizielle Webseite des Serengeti-Nationalparks, u.a. mit einem Tierlexikon zu den Tieren der Serengeti.

Asien

Indonesien
www.elementgirls.de/Feuer/Fashion/FashionTrendBatik/tabid/1922/Default.aspx
Alles rund um den Batik-Modetrend mit einer Anleitung zum Selbermachen.

http://doit.crashdummies.ch/fileadmin/documents/Do-it_Schattentheater.pdf
Hier wird das Projekt „Schattentheater" einer Schulklasse vorgestellt. Auf der Seite finden sich auch konkrete Umsetzungsvorschläge.

Japan
www.geo.de/GEOlino/kreativ/basteln/60414.html
Wer sich selbst einmal im Origamifalten probieren möchte, findet hier zwei Anleitungen.

Myanmar
www.zebis.ch/zeigemappe.php?kennung=08007&id=4296
Eine Mandala-Sammlung des Schweizer Bildungsservers zum Ausdrucken.

Europa

Deutschland
www.eiz-niedersachsen.de/weihnachten.html
Auf der Kinderseite „Entdecke Europa" werden Weihnachtsbräuche und Sitten aus verschiedenen Ländern vorgestellt.

http://193.171.252.18/www.kidsweb.at/ADVENTzeit/AdventKMS16/world.htm
Auf der Seite „Weihnachten weltweit" bekommen die Kinder und Jugendlichen kurze Informationstexte über das Weihnachtsfest in verschiedenen Ländern, u.a. Australien, Brasilien, Russland, USA.

Griechenland
www6.dw-world.de/de/olympia.php
Umfassende Webseite zu den Olympischen Spielen von der Antike bis heute.

Italien
www.geo.de/GEOlino/kreativ/basteln/18.html?p=3&pageview=&pageview=
Eine Bastelanleitung für venezianische Karnevalsmasken.

Luxemburg
www.kinder-stadt.de/ostern/haupt_ostern.html?id=80&id2=8&tabname=ostern_anderelaender&extern=0
Neben Informationen zu Ostertraditionen in anderen Ländern - sortiert nach Kontinenten - findet man hier auch Basteltipps und Spielideen sowie Gedichte und Lieder rund um Ostern.

Russland

www.transsib.de

Wer sich über die Geschichte der Transsibirischen Eisenbahn, ihren Streckenverlauf und Fahrpläne näher informieren möchte, ist hier richtig.

www.weltkulturerbe-online.de

Hier erhält man Informationen zu den verschiedenen Welterbestätten in der Welt.

Schweiz

www.switzerland-cheese.ch

Alles Wissenswerte über Schweizer Käse gibt es hier: Warum die Schweiz ein Käseland ist, woher einzelne Käsesorten stammen, wie sie hergestellt werden, welche Käsetypen es gibt.

www.emmentaler.ch/?redirect=getfile.php&cmd%5Bgetfile%5D%5Buid%5D=73

Eine Anleitung für alle, die einmal selbst Käse herstellen wollen.

Spanien

www.ec-jugend.de/fileadmin/shop/shopobjekte/182469_L1.pdf

Hier wird gezeigt, wie man sich ganz einfach und ohne großen Materialaufwand selbst Kastagnetten basteln kann.

Nordamerika

Mexiko

www.wie-fruehstueckt-die-welt.de

Eine informative Webseite für Kinder und Jugendliche zum Thema „Wie frühstückt die Welt?".

www.tivi.de/fernsehen/tabaluga/artikel/23538/index.html

Hier gibt es eine Bastelanleitung für eine typisch mexikanische Piñata.

USA

www.helles-koepfchen.de/artikel/674.html

Eine Anleitung, wie man sich einen Traumfänger ganz einfach selber basteln kann.

www.labbe.de/zzzebra/index.asp?themaid=236

Hier gibt es Bastelanregungen, Spielideen sowie Rezepte rund um das Thema „Halloween".

Mittel- und Südamerika

Chile

www.geo.de/GEOlino/kreativ/zeitvertreib/877.html

Hier gibt es ein kleines Experiment, das zeigt, was bei einem Vulkanausbruch passiert.

www.planet-schule.de/wissenspool/wuesten/inhalt/unterricht.html

Eine interaktive Weltkarte zu den „Wüsten der Erde" mit vielen interessanten Informationen rund um das Thema.

Peru

www.geo.de/GEOlino/kreativ/basteln/53972.html

Hier gibt es eine Anleitung zum Knüpfen von Freundschaftsbändern.

Ozeanien

Australien

www.helles-koepfchen.de/didgeridoo-bastelanleitung.html

Eine Anleitung für den Bau eines Didgeridoo.

*Die in diesem Werk angegebenen Internetadressen haben wir geprüft (Stand 07-09). Da sich Internetadressen und deren Inhalte schnell verändern können, ist nicht auszuschließen, dass unter einer Adresse inzwischen ein ganz anderer Inhalt angeboten wird. Wir können daher für die angegebenen Internetseiten keine Verantwortung übernehmen.